ALEXANDER
DER GROSSE
UND DIE GRENZEN DER WELT

Für Sebastian

Maria Regina Kaiser, geboren 1952 in Trier, war nach der Promotion in Altertumswissenschaften in Frankfurt am Main zehn Jahre in der Forschung tätig. Seither ist sie freie Schriftstellerin; sie schreibt erfolgreich für Jugendliche und Erwachsene.

Klaus Puth, geboren 1952 in Frankfurt am Main, arbeitete nach seinem Studium an der Hochschule für Gestaltung in Offenbach zunächst in einem Verlag für Grußkarten. Seit 1989 ist er freiberuflich als Illustrator für verschiedene Verlage tätig und hat mehrere Preise erhalten.
www.klausputh.de

Bildquellen-Nachweis
akg-images, Berlin: S. 19, S. 36, S. 75, S. 107, S. 124, S. 128
akg-images/Peter Conolly: S. 51, S. 53, S. 65
akg-images/Gerard Degeorge: S. 96
Bildarchiv Preußischer Kulturbesitz (bpk), Berlin: S. 17, S. 21, S. 39,
S. 41, S. 54, S. 82, S. 85, S. 95, S. 131
Nachzeichnung von Klaus Puth: S. 121

Genehmigte Lizenzausgabe für Impian GmbH, Hamburg 2020

Umschlaggestaltung: Nele Schütz Design, München
unter Verwendung von Illustrationen von Joachim Knappe
Innenillustration: Klaus Puth
Gestaltung und Typografie: knaus. Büro für konzeptionelle und visuelle Identitäten, Würzburg
Druck: CPI books GmbH, Leck
Printed in Germany

ISBN 978-3-96269-076-2

www.impian.de

MARIA REGINA KAISER

ALEXANDER DER GROSSE UND DIE GRENZEN DER WELT

impian

Der Nachfolger

Leicht ist es mir nicht gefallen, mein Amt an den Barbaren abzugeben – aber es musste sein. Mein König, der große Alexander, hat es so bestimmt. So wie manch anderer Makedone bin ich aus dem königlichen Dienst entlassen worden und werde nun nach vielen Jahren ein Leben in Frieden führen.

Viel ist geschehen, mehr als ich mir als Junge, der mit Alexander über den Hellespont[1] fuhr, in meinen verwegensten Träumen vorgestellt habe, Wunderbares und Schreckliches, an dem ich teilhaben durfte. In nur wenigen Jahren passierte mehr als im Jahrhundert davor. Auf alle Fälle für einen wie mich genug.

Proxenos, der Hüter des königlichen Zeltes, war mit dem zukünftigen Sandalenbinder eingetroffen. Der Neue trug eng anliegende persische Hosen und spitze Schuhe. Sein kurz geschorenes Haar war unter der persischen Mütze kaum zu sehen.

„Er heißt Bagoas“, stellte Proxenos den jungen Mann vor.

Bagoas verbeugte sich tief und sah mich abwartend an.

Er sollte von diesem Tag an meine Pflichten übernehmen.

Aber natürlich ging ich nicht gleich. Ich musste ihn einweisen. Ich hatte alles für ihn vorbereitet, das Arbeitsbrett, frische Lederstreifen und meine Hämmer und Spatel.

„Hier“, sagte ich zu meinem Nachfolger. „Das alles brauchst du.“

1 **Hellespont** *(heute: Dardanellen) – Meerenge, die das Marmarameer mit dem Ägäischen Meer verbindet. Sie führt zwischen der Halbinsel Gallipolli (zu Europa gehörend) und dem türkischen Festland hindurch.*

Staunend betrachtete er die Riemen, das Fett, die zierlichen Nägel in dem soliden Kasten aus geöltem Pinienholz.
„Du hast die Sandalen des Königs gebunden“, sagte er ehrfürchtig. „Hast du diesen Kasten benutzt?“
„Ja, diesen. Du darfst ihn behalten, wenn er dir genügt.“
Bagoas kauerte vor mir nieder, betrachtete den Inhalt des Behälters von Nahem, nahm einige Werkzeuge in die Hand, legte sie wieder fort und blickte dann zu mir auf.
„Ja, das wäre gut. Und das soll alles sein?“

Ich musste lächeln. Im Kasten befanden sich Fette und Öle, Ersatzriemen, Nagelknöpfe für die Sohle, verschiedenfarbige Lederstücke, Bürsten und weiche Tücher zur Reinigung. Das alles war wichtig, aber nicht das eigentliche Geheimnis.
„Was ist in diesem Fach?“
Der Junge zog die flache Schublade unter dem Behälter auf. Immerhin sprach er recht verständliches Griechisch, das stimmte mich versöhnlich.

„Ein königlicher Hofbeamter hat sein Schreibzeug immer dabei. Manchmal musst du einen Vermerk machen, wenn etwas fehlt oder der Schuh vorzeitig gerissen ist. Denk immer daran, Ort und Datum zu notieren."
„Glaubst du, er behält mich?" Er kratzte sich sorgenvoll am Ohr. Es war ihm anzusehen, dass er alles sehr ernst nahm. Das war der Moment, in dem ich beschloss, die Aufzeichnungen zu machen, die ich nun in Händen halte. In neun Papyrusrollen habe ich für Bagoas aufgeschrieben, was ein königlicher Sandalenbinder wissen muss. Damit meine ich nicht so sehr das Handwerk, denn das beherrscht er, davon konnte ich mich überzeugen. Nein, hier geht es vor allem um das richtige Verhalten im Dienste eines Herrschers. Natürlich habe ich auch seine Neugier berücksichtigt – sein Wissensdurst hinsichtlich unseres Königs war ihm an der Nasenspitze anzusehen. So ist nun in diesen Schriftrollen vieles über meinen Dienst bei Alexander, den Hof, die wichtigen Leute und einiges andere zu lesen. Denn es gibt mehr Zusammenhänge, als man glaubt.

Nichts einfacher als das, denkt jeder, wenn er hört, was ich zu tun habe. Aber das ist es nicht. Man kann einiges dabei falsch machen. Man braucht eine ruhige Hand in jeder Lebenslage. Man darf nicht an die große Politik denken und wie viel davon abhängt, dass jeder Handgriff stimmt. Wenn man darüber grübelt, zittern einem die Hände, und man bekommt es einfach nicht hin. Und man muss klug und besonnen sein – man muss wissen, wann es besser ist zu schweigen, wann man sich besser im Hintergrund hält, sonst ergreift einen in der Nähe der Mächtigen schnell das Rad der Zeit.

Manche lachen und sagen: „Sandalen binden, beim Zeus, was ist das schon!“ Es hat mich immer geärgert, wenn mich einer „Schuhputzer“ genannt hat.

Aber ich versichere dir, Bagoas, du trägst eine hohe Verantwortung.

Hier nun der Schatz, den ich dir anvertraue: Meine Erinnerungen, zusammen mit griechischen Weisheiten, die du als Perser nicht kennst. In jeder einzelnen dieser Rollen aus Papyrus werde ich jeweils eine davon, verbunden mit dem Bericht meines Lebens an der Seite des Herrschers, erläutern. Ich bin gespannt, ob du herauslesen kannst, was ich dir sagen will.

Mögen meine Erinnerungen dir Anleitung und Hilfe sein in den kommenden Jahren. Nicht nur bei deinen Pflichten werden diese Regeln dir helfen – mir waren sie Leitlinien durch mein bisheriges Leben, und ich habe gut daran getan, sie zu befolgen. Denn nicht jeder ist so wie unser großer König dazu geboren, über den Regeln des menschlichen Daseins zu stehen. Und selbst hier zweifle ich, ob es immer zu seinem Besten war.

1. Rolle: Gute Sohlen unter den Füßen sind die Rettung in großer Gefahr – Die Hochzeit des Königs

Festlich gekleidet strömten adlige Makedonen, hohe Militärs und einfache Soldaten durch die Vorhalle des großen Palasts in Aigai[2], der alten Hauptstadt Makedoniens. Sorgenvoll sah ich zu meinem Herrn, dem jungen Alexander, hinüber, der so ernst war, dass es allen auffiel. Schnell bückte ich mich noch einmal zu seinen Füßen hinab und zog mit geübtem Griff die Schlaufen seiner Sandalen fest. Ich glaube, er merkte es nicht einmal. Er schien tief in düstere Gedanken versunken.

Die einfachen Soldaten ließen sich an den langen Tischen im weiten, von Säulen umstandenen Innenhof vor dem geöffneten Saal nieder. Einige Platanen spendeten Schatten. Diener gossen den Gästen aus silbernen Gefäßen Wasser über die Hände und schenkten Wein aus, als der Hochzeitszug herankam, von Trommlern und Trompetern angeführt. Voran schritt König Philipp in einem purpurnen Gewand mit Goldstickereien, neben ihm die reizende Nichte des Generals Attalos, ein feines goldenes Diadem im Haar, Perlengehänge in den Ohren. Erst 16 Jahre alt war sie, ihr dunkles lockiges Haar und die lebhaften braunen Augen mach-

2 Aigai – *ursprüngliche Hauptstadt Makedoniens, heutiges Dorf Vergina*

ten sie zu einer Schönheit. Selbstbewusst blickte sie in die Runde.

Kurz sah ich mich fest an den Schuhen der Hochzeitsgäste. Einige Frauen, auch die Braut, hatten die Sandalen mit Goldriemen gebunden. Der Bräutigam trug die purpurnen makedonischen Königsstiefel unter dem langen feierlichen Gewand. Nur die Leute vom Land an den Tischen waren in ihren täglichen Karbatinen[3] gekommen.

Das von einem gestutzten Bart umgebene willensstarke Gesicht des Königs war verunziert durch die Narbe über der rechten Augenbraue. Der König sah eigenartig starr geradeaus; nur die Eingeweihten wussten, dass das im Kampf verletzte Auge inzwischen fast blind war. Alexander reihte sich jetzt in den Zug ein, auch er im Festgewand. Mit dem Haarwirbel über der Stirn und dem schlecht gelaunten Blick seiner großen Augen sah er heute aus wie ein zorniger Löwe.

„Was hat dein Herr?“, fragte Aristobulos leise. „Er sieht so traurig und verstimmt aus.“

„Er nimmt es

3 **Karbatine** – *einsohliger, schlichter Lederschuh*

nicht leicht. Schließlich hat der König seine Mutter verstoßen, um diesen Tag begehen zu können."
„Er muss sich heraushalten aus den Angelegenheiten seiner Eltern", sagte Aristobulos neunmalklug.
„Genau das kann er doch nicht. Er hängt sehr an Königin Olympias."
„Ich weiß." Wir sahen uns verschwörerisch an. Aristobulos war noch nicht so lange wie ich am Hof. Er gehörte zum Trupp der Bematisten, der Landvermesser, und kannte sich besonders mit der Tiefenmessung von Flüssen und Gewässern aus. Er war ein freundlicher junger Mann mit einem ländlichen Akzent, über den die Hofbedienten sich lustig machten. So war es mir auch gegangen, als ich neu vom Land kam und dem Thronfolger meine Erfindung der Sandalensohlen aus dem Leder von Wasserbüffeln vorführte. Alexander war von diesen Sandalen so begeistert gewesen, dass er mich sofort in Dienst nahm, mich, den zwölfjährigen Nikandros. Seit drei Jahren war ich nun als sein Sandalenbinder ständig an seiner Seite.
Der Bankettsaal, in dem der König

und seine vornehmen Gäste sich gerade niederließen, war in herrlichen Blau- und Weißtönen, gemischt mit Gold, bemalt. Wandmalereien mit Schlachtenbildern aus Philipps siegreichen Feldzügen waren darunter und Darstellungen von Wagenrennen. Die Ruhebetten hatten verzierte elfenbeinerne Lehnen.

Aristobulos und ich ließen uns jeder einen Teller mit Braten und Brot reichen und nahmen, wie es uns zustand, im Säulengang Platz, wo wir einen guten Blick auf die Hochzeitsgesellschaft hatten.

Einer nach dem anderen erhoben die Gäste ihren Becher und tranken auf das Wohl des Königs und seiner jungen Frau.

Der Onkel der schönen Kleopatra, der dicke Attalos, platzte sichtlich vor Stolz. Mit gerötetem Gesicht lag er auf seiner Kline[4] und strahlte von einem Ohr zum anderen während der Lobreden auf das Glück des königlichen Paares. Flötenbläserinnen tanzten in den Raum hinein, und eine Sängerin sang ein Lied vom Frühling, der alles neu macht und das Land mit Blumen und frischen Gräsern überzieht.

Als sie verstummt war, erhob sich Attalos mühsam und torkelte in die Mitte des Raums, um seine Rede zu beginnen.

4 Kline – *Ruhebett*

Alle wandten sich dem nächsten Verwandten der Braut neugierig zu.
„Als Erstes“, rief Attalos mit schwerer Zunge, „wollen wir zu den Götter beten, dass unser König mit Kleopatra recht bald einen rechtmäßigen Thronfolger zeugt!“
Einige Gäste lachten. Ich jedoch blickte entsetzt zu Alexander hin, der aufgesprungen war.
„Was, du elender Schurke, du nennst mich Bastard!“ Er war hochrot im Gesicht, und schon flog sein Becher durch den Saal, Attalos an den dicken Schädel. Attalos schrie auf und fiel zu Boden. Diener stürzten auf ihn zu.
Philipp, ebenfalls angetrunken, riss sich das Schwert vom Gürtel und taumelte auf seinen Sohn zu. Dabei torkelte er und stolperte. Eindeutig die Nachlässigkeit seines Sandalenbinders, der sich nicht getraut hatte, während der Festlichkeiten nochmals die Riemen der Stiefel nachzuziehen, lieber Bagoas! Man muss so unauffällig vorgehen, dass der Herr

dieses Nachbinden nicht bemerkt. Versuch, dich täglich in dieser Kunst zu üben.
Philipps Straucheln und die eigenen festen Sohlen unter den Füßen retteten Alexander damals das Leben. Er sprang behände zur Seite, und das Schwert seines Vaters stieß ins Leere.
„Schaut ihn euch an, euren König!“, schrie er noch. „Dieser Mann wollte nach Asien ziehen und kann noch nicht einmal von einem Tisch zum nächsten gehen!“ Dann war er schon auf und davon.
Und ich wusste sofort, dass wir so schnell nicht nach Aigai zurückkehren würden. Ich griff nach meinem Kasten und rannte hinter dem Thronfolger her, zum Stall, wo sein Rappe Bukephalos[5] und mein Maultier Itto friedlich ihre Gerste kauten. Ohne eine Frage zu stellen, zerrte ich Itto aus seinem Verschlag, so wie Alexander Bukephalos. Wir schwangen uns auf unsere Reittiere und trabten eilig davon.
Wir hatten das Tor noch nicht erreicht, da gesellten sich schon Alexanders Freunde zu uns, Ptolemaios Lagu mit der Adlernase, der sanfte Hephaistion, der temperamentvolle Kleitos mit dem schwarzen Lockenhaar und der schweigsame Nearchos. Die Wächter vor dem Palast salutierten. Keiner von uns sprach ein Wort.

Die Pferde und mein Itto waren schweißbedeckt, als wir endlich abstiegen und sie an einen Bach führten.
„Ich danke euch“, sagte Alexander zu uns. Er sah immer noch verstört aus.

5 **Bukephalos** – *Alexanders Lieblingspferd, das er mit zwölf Jahren zähmte*

Ptolemaios, Hephaistion, Kleitos und Nearchos umringten ihn.

„Wir halten immer zu dir", sagte Kleitos, der älteste der Freunde. „Das weißt du doch."

„Vorher habe ich es gehofft. Erst jetzt weiß ich es mit Sicherheit. Auf uns wartet nichts Gutes, sondern eine lange Zeit der Verbannung. Seid ihr bereit, bei mir zu bleiben?"

„Deswegen sind wir dir gefolgt. Du bist unsere Zukunft, auch wenn sie in Wäldern und Gebirgen sein wird." Ptolemaios war die Rührung anzumerken. So kannte ich den Adlernasigen gar nicht.

„Ihr vier, Bukephalos, und mein Sandalenbinder." Alexander sah uns an.

„Wir zusammen sind Makedoniens Zukunft", sagte Hephaistion, der die ganze Zeit geschwiegen hatte.

Jetzt erst fand ich die Zeit, Alexander die Sandalen abzunehmen und ihm die Schlaufenstiefel überzustreifen.

Das antike Griechenland

Das antike Griechenland, von den Griechen (Hellenen) Hellas genannt, bestand aus einer Vielzahl kleinerer und größerer Einzelstaaten. Dabei gab es solche ohne ausgebautes städtisches Zentrum (**ethnos**-Staaten oder Stammesstaaten), oft recht lose organisiert, und solche mit städtischem Zentrum **(polis).** Die berühmteste **polis** war Athen.

Die Griechen in den Polis-Staaten empfanden die Stammesstaaten als rückständig. Die Menschen dort lebten ohne Theater, Gymnasien (Sportstätten) und städtische Kultur, während in den **poleis** zumindest unter den Reichen ein sehr hoch entwickelter Lebensstil gepflegt wurde. Die Stammesstaaten lebten häufig auch unter einem König, während sich in den meisten Stadtstaaten Demokratien, d. h. Formen der Regierung durch die Bürger anstatt durch einen einzelnen Herrscher, entwickelt hatten. Hier lebten Bürger neben den Nichtbürgern oder Metoiken (**metoikoi** = Mitbewohner), zugezogenen Fremden, denen der Besitz von Land verwehrt war. Außerdem gab es Sklaven, die ohne jedes Recht waren.

Das Wahlrecht galt nur für die erwachsenen männlichen Bürger. Frauen, Sklaven und Metoiken waren davon ausgeschlossen, was bedeutete, dass nur ein Teil der Einwohner einer Polis überhaupt berechtigt war, sich an der Politik zu beteiligen.

Gemeinsam waren den Griechen Sprache, Götter, Kleidung und Bräuche. Kunst, Literatur, Philosophie und Theater waren hoch entwickelt. Die meisten Städte hatten Zugang zum Meer oder waren nicht weit davon entfernt. Als tüchtige Seefahrer und Händler gründeten die Griechen Kolonien an den Küsten der Iberischen Halbinsel und des heutigen Südfrankreich, besiedelten Süditalien und Sizilien. Die Stadt Syrakus in Sizilien wurde 733 v. Chr. von korinthischen Aussiedlern errichtet. Es entstanden sogar Städte an den Küsten des Schwarzen Meers (Olbia, Pantikapaion, Trapezunt). Auch zahlreiche Hafenstädte an den Küsten Kleinasiens waren solche Pflanzstädte (z. B. Milet, Kyzikos). Oft übernahmen sie die Verfassung und Götterkulte ihrer „Mutterstadt", wurden aber zu eigenständigen Städten.

Akropolis in Athen: Propyläen und Nike-Tempel

Die Makedonen und ihr Königshaus

Makedonien, die Heimat Alexanders des Großen, liegt im Norden von Griechenland. Das Gebiet ist heute aufgeteilt zwischen Griechenland, der Republik Mazedonien und Bulgarien. Im Gegensatz zu einem **polis**-Staat wie Athen war Makedonien ein **ethnos**-Staat[6], dessen Bevölkerung hauptsächlich in Dörfern über ein großes Gebiet zerstreut lebte. Seit Anfang des 7. Jahrhunderts wurde es vom Königsgeschlecht der Argeaden regiert, die ihre Abkunft vom Halbgott Herakles ableiteten.

Die Makedonen galten nicht als Griechen, waren aber von Sprache und Kultur her eng mit ihnen verwandt. Sie waren ein Hirten- und Bauernvolk, lange Zeit von einer verglichen mit den Griechen einfachen Lebensweise. Zur Zeit Philipps II. und Alexanders des Großen war davon freilich nicht mehr viel zu merken. Die Hauptstädte Aigai und Pella waren mit Steintempeln, Theatern und Palastbauten ausgestattet. Das Land war reich an Holz, das man für den Schiffbau benötigte. Schiffe wiederum brauchte man in ganz Griechenland für Handel, Reisen und Kriegsschiffe. Unter Philipp II. vollzog die Landmacht Makedonien den allmählichen Wandel zur Seemacht. Auch besaß das Land Gold- und Silberminen. Ansonsten wurden Ackerbau und Viehzucht betrieben.

Ab dem 5. Jahrhundert v. Chr. begann Makedonien auch über seine Grenzen hinaus eine Rolle zu spielen. Besonders tatkräftig war König Alexander Philhellen („der Griechenfreund", König von 494–454 v. Chr.), der den griechischen Freiheitskampf gegen

6 ethnos-Staat – *Staat ohne städtisches Zentrum, häufig von einem König regiert*

die Perser unterstützte. Amyntas III. (König von 393–369 v. Chr.), der Großvater Alexanders, stärkte die Truppenverbände des Landes weiter.
Sein jüngster Sohn, Philipp II. (um 382–336 v. Chr.), der Vater Alexanders des Großen (356–323 v. Chr.), war ein geschickter Diplomat, vorausschauender Staatsmann und vor allem erfolgreicher Feldherr. Es gelang ihm, Makedonien zu einen, den Adel dauerhaft an sich zu binden, unter seinen Befehl zu stellen und ein schlagkräftiges Heer aufzubauen. Unter ihm entwickelte sich Makedonien zur führenden Macht in Griechenland. Philipp unterwarf zuerst die an Makedonien angrenzenden Küstengebiete und in der Folge alle griechischen Stadtstaaten außer Sparta. Sein Sohn Alexander unterstützte ihn auf seinen Feldzügen, unter anderem in der berühmten Schlacht von Chaironeia (338 v. Chr.). Unter der Führung Philipps II. wurde der Korinthische Bund gegründet, dem alle unterworfenen griechischen Stadtstaaten angehörten; Griechenland unterstand damit faktisch der Herrschaft des Makedonenkönigs.

Philipp II., König von Makedonien, Vater Alexanders des Großen. Antikes Goldmedaillon

Herkunft und Jugend Alexanders

Alexander der Große wurde im August 356 v. Chr. geboren als Sohn König Philipps II. aus dem Königshaus der Argeiaden mit dem Urahn Herakles und seiner Frau Olympias, die aus dem Königsgeschlecht von Epirus[7] stammte und ihre Herkunft von Achilleus ableitete.

Schon früh fiel Alexanders herausragende Intelligenz auf. Er war dickköpfig und vorlaut, aber auch sehr verständig. Mit zwölf Jahren gelang es ihm, den wilden Rappen Bukephalos zu zähmen: Er erkannte, dass das nervöse Pferd vor seinem Schatten scheute. Alexander erhielt eine sorgfältige Erziehung. Sein gestrenger Hofmeister Leonidas bereitete ihn auf Feldzüge vor, indem er ihm karges Essen vorsetzte und ihn nachts marschieren ließ. Später übernahm der berühmte Philosoph Aristoteles (384–322 v. Chr.) für einige Jahre die Erziehung des Jungen abseits der Hauptstadt, in einem Nymphenheiligtum bei Mieza im Wald. Dort unterrichtete er seinen Zögling und gleichaltrige adlige Makedonier, unter ihnen seine späteren Gefährten Hephaistion, Harpalos und Ptolemaios Lagu.

Alexander schlief sein Leben lang mit einer Ausgabe der **Ilias** des Dichters Homer (8. Jh. v. Chr.) und dem Dolch unter dem Kopfkissen. Sein großes Vorbild war der Held Achilleus aus der **Ilias.** Bald schon erhielt er schwierige Kommandos in den Kriegen seines Vaters. Dem 16-Jährigen wurde in Abwesenheit des Vaters bereits das Siegel und die Regierung des Landes anvertraut.

7 Epirus – *Königreich im Nordwesten Griechenlands*

Als Philipp II. sich mit einer jüngeren Frau verheiratete und Olympias nach 20-jähriger Ehe verstieß, kam es zum Zerwürfnis zwischen Vater und Sohn. Philipp hatte zahlreiche Frauen und Kinder, allerdings außer Alexander nur noch einen Sohn, der geistig behindert war. Im Falle der Geburt weiterer Söhne würde Alexander jedoch um seine Position als Thronfolger zu fürchten haben. Alexander musste nach dem Streit nach Epirus flüchten, Philipp ließ den Sohn aber bald wieder zurückholen.

Bald darauf, im Sommer 336 v. Chr., wurde Philipp II. bei der Hochzeit seiner Tochter erstochen. Offiziell ging man davon aus, dass die Mörder Geld aus persischer Hand erhalten hatten, was durchaus möglich ist. Gemunkelt wurde, Olympias und sogar Alexander hätten von der Verschwörung gewusst.

Kurz darauf wurde der 20-jährige Alexander zum Makedonenkönig ausgerufen.

Alexander der Große als Helios. Kopie eines griechischen Originals aus der Zeit von 330–300 v. Chr.

2. Rolle: Die Würfel der Götter fallen immer richtig – Ein Held wie Achilleus

Möwen flogen kreischend um uns herum und stürzten sich auf die herumliegenden Fischreste von der Abendmahlzeit der makedonischen Abteilung. Im abendlichen Dunst war die gegenüberliegende Küste Asiens schwach sichtbar.

Seit fünf Jahren stand ich nun schon in den Diensten Alexanders. Ich war auf einigen seiner Feldzüge dabei gewesen. Mir hatte er die besten Sohlen, die er je gehabt hat, zu verdanken. Ich hatte ihn nach dem Streit mit seinem Vater ins Exil begleitet, zusammen mit seiner Mutter und seinen Freunden. Nun war sein Vater tot, und er war König, bereits seit fast zwei Jahren.

In den vergangenen Monaten waren wir gegen die Thraker, Illyrier und gegen Theben gezogen, die sich ihm nicht hatten

unterwerfen wollen. Doch nun stand uns etwas weit Größeres bevor. Trotz meiner Jugend ahnte ich schon an jenem Abend, dass ich meine Heimat so bald nicht wiedersehen würde.

Der junge König hatte sich mit seinen Beratern ins Zelt zurückgezogen. Finster blickend, standen die Leibwächter vor dem Eingang und drehten die gezückten Speere in den Händen. Man hörte die Stimmen aus dem Zelt bis hierher.

Es gab im Moment nichts mehr für mich zu tun. Nachdenklich ging ich auf und ab, ohne die makedonischen Zelte aus dem Auge zu verlieren. Eine Unzahl von Händlern und Trödlern, die das Heer begleitete, hatte ihre Stände am Hafen aufgeschlagen. Würste und Käse, Kleidung, Waffen und Zaumzeug, Schmuck und Götterfigürchen, alles war zu haben. Besonders die Götterfiguren fanden reißenden Absatz. Es gab sie in allen Ausführungen, aus bemaltem Ton, aus Bronzeblech und versilbert.

Nur zwanzig Tage waren seit dem Ausmarsch des makedonischen Heeres aus Pella[8] verstrichen, und jetzt war es so weit. Wir standen am Rand Europas. Vor uns im Hafen von Elaius schaukelte das zweistöckige Schiff, das den König der Makedonen und sein Gefolge über den Hellespont nach Asien bringen sollte. Der große Feldzug sollte beginnen, den schon Alexanders Vater Philipp geplant hatte. Endlich sollte die Rache erfolgen für den Angriff der Perser vor fast 150 Jahren, endlich sollten die ionischen Städte von der persischen Herrschaft befreit werden.

Ich hatte den Mann noch nie vorher gesehen, der in großer

8 Pella – *makedonische Hauptstadt*

Eile heftig winkend auf mich zukam. Er kam nur mit einem einzigen Sklaven, der hinter ihm herschritt, auf einem gemieteten Maultier, und hatte nur einen Sack und eine kleine Holzkiste bei sich, die er und sein Diener schwer atmend vom Rücken des Lasttiers zu Boden wuchteten. Trotz seines jugendlichen Alters war der Fremde erstaunlich dick. Er hatte die ungesunde weiße Hautfarbe eines Menschen, der sich vorzugsweise in Innengebäuden aufhält, und tupfte sich mit einem Tuch den Schweiß vom Hals. Der Sklave war ausgemergelt und genauso bleichgesichtig wie sein Herr. Über seiner Schulter waren die Enden von Bücherbehältern zu sehen.

„Stroibos, wir sind angekommen", wandte sich der Dicke an den Sklaven. „Wie ich sehe", jetzt lächelte er mich an, „gehörst du zum Gefolge des Königs."

„Ich bin Nikandros, der Sandalenbinder des Königs."

Mein Titel beeindruckte ihn nicht sonderlich.

„Führ mich zu deinem Herrn."

„Geht hinüber, soweit man euch vorlässt." Ich zeigte hinüber zu dem Zelt mit den vergoldeten Türpfosten, vor dem die Leibwächter standen und eine Schlange von Bittstellern. „Dort müsst ihr euch anstellen. Wenn ihr Glück habt, könnt ihr mit dem Hüter des königlichen Zeltes sprechen. Er ist heute sehr beschäftigt."

„Gewöhn dich daran, dass ich von heute an näher beim König sein werde als du", sagte der Fremde und winkte zugleich den Sklaven von der Mietstation für Reittiere heran. „Du hast sicher schon von mir gehört."

„Verzeih, aber ich habe dich noch nie gesehen. Weder in Pella noch sonst irgendwo in der Nähe des Königs."

„Vor dir steht Kallisthenes, der Neffe von Aristoteles."

Aristoteles hatte lange am Hof gelebt und unseren König seinerzeit zwei oder drei Jahre lang auf die königlichen Aufgaben vorbereitet. Er hatte ihn in Geografie unterrichtet, ihm die Regeln der Logik beigebracht und Kenntnisse in Medizin, Tierkunde und Botanik. Meine Neugier erwachte. Zweifellos war der Neffe des großen Philosophen ebenfalls ein Gelehrter. Die Schreibtäfelchen, die von seinem Gürtel herabhingen, und die längliche Metallbüchse mit Schreibgerät deuteten darauf hin.

„Du kennst sicherlich das Werk des Dichters Homer. So wie er die Taten des Achilleus besang, werde ich die Taten Alexanders von heute an verzeichnen." Kallisthenes klapperte mit dem Schreibzeug an seinem Gürtel.

Er trug ziemlich dick auf, dachte ich bei mir.

„Als Dichter?", erkundigte ich mich dennoch höflich.

„Nein, als ein Historiker, der die Taten unseres Königs ins rechte Licht stellt, die richtigen Worte für sie findet."

Kallisthenes zog seinen Chiton[9] hoch und watete ein Stück weit ins Wasser hinaus.

9 **Chiton** – *leichtes Gewand der Griechen*

„Ich kann nichts sehen. Du etwa, Junge?“ Und ohne meine Antwort abzuwarten, murmelte er: „Es ist gefährlich, hier hinüberzusegeln.“ Der Wind zerrte an seinem Gewand.

„Der König hat es so beschlossen“, sagte ich.

„Und warum, neunmalkluger Sandalenbinder?“

10 „Weil Achilleus und die Helden des Trojanischen Kriegs hier abgefahren sind.“

„Das war unklug von ihnen. Man nimmt immer die kürzeste Strecke. Jedenfalls habe ich das so in den Büchern über Seefahrt gelesen.“

Ich schwieg. Er hatte recht, der Weg nach Troja war weit und von gefährlichen Strömungen durchflossen. Deshalb sollte nur das große mehrstöckige Königsschiff dorthin übersetzen, begleitet von zwei Galeeren mit Bewaffneten zum Schutz Alexanders und seines Gefolges. Die restliche Flotte nahm einen einfacheren Weg.

„Da drüben“, Kallisthenes deutete auf die Wasserfläche jen-

10 Achilleus – *Held des Ilias-Epos von Homer (8. Jahrhundert v. Chr.)*

seits der Meerenge, „man sieht sie nicht, aber glaub mir, da drüben, geschützt vom Nebel, lauern sie auf unsere Schiffe."
„Wer?"
„Die persischen Kriegsgaleeren. Hunderte von ihnen halten sich bereit, um zuzuschlagen, wenn Alexanders Heer übersetzt."
Zweifelnd sah ich zu ihm auf. Er war kein General, warum sprach er so überlegen?
„Die Überquerung der Meerenge ist der gefährlichste Moment des Feldzugs überhaupt", belehrte mich Kallisthenes. „Die Makedonen waren immer Landschildkröten, die Perser aber haben die beste Flotte der Welt."
Er sprach, als sei der Untergang des makedonischen Heeres ausgemachte Sache. Langsam begann ich, mich über ihn und seine aufgeblasene Art zu ärgern.
„Die Würfel der Götter fallen immer richtig", erwiderte ich achselzuckend. „Es wird geschehen, wie es bestimmt ist. Es ist nicht an mir, über die Entscheidung des Königs zu urteilen." Unsereiner muss nehmen, was die Götter geben. Es ist nicht klug, sich gegen das Schicksal aufzulehnen, Bagoas.
Kallisthenes sah mich herablassend an, hielt es aber wohl nicht für nötig, mir zu antworten. Er wandte sich ab und ging davon.
„Wo gehst du hin?", fragte ich.
„Zum König. Wohin sonst?" Hoheitsvoll richtete Kallisthenes sein Gewand und schritt hinüber zum Eingang des königlichen Zeltes.

Erst am nächsten Morgen, als wir uns alle an Bord begaben, begegneten wir uns wieder. Der Nebel hatte sich aufgelöst, die Sicht war klar. Kein feindliches Schiff war in der Ferne zu erkennen.

Mit säuerlichem Blick verstaute der Sklave Stroibos das Gepäck und die Buchrollenbehälter unter einer Holzbank zwischen den Ruderern. Sein Herr hatte sich bereits niedergelassen und winkte mir.

„Wenn das nur gut geht, wenn das nur gut geht", jammerte er halb laut vor sich hin.

Kallisthenes war leicht grün im Gesicht. Es tröstete mich, nicht der Einzige zu sein, der sich vor dem Meer fürchtete. Es war meine erste Schiffsreise. Makedonen sind Landbewohner, anders als die Griechen, die mit Schwimmhäuten zwischen den Zehen zur Welt kommen, am liebsten Fisch essen und von denen jeder davon träumt, Kapitän zu sein.

„Ich stamme aus Olynth", begann Kallisthenes unvermutet. „Aber du warst sicherlich schon oft zu Schiff unterwegs?"

„Es ist das erste Mal in meinem Leben."
„Warum bist du gekommen?", fragte ich. „Willst du auch Ruhm von unserem König einheimsen?"
„N-nein." Er schwieg und lächelte in sich hinein. „Ich werde Alexander berühmt machen. Nur deshalb bin ich –"
Eine Welle schwappte über die Bordwand. Angewidert zog Kallisthenes die Füße hoch.
„Ich werde seine Taten beschreiben, wie ich dir schon gesagt habe", erklärte er dann weiter.
„Ah ja", sagte ich.
Mit verzerrtem Gesicht starrte Kallisthenes auf das geweißte Täfelchen, das in seinen Händen auf und nieder tanzte. Ab und zu trafen sich unsere Blicke. Jeder wollte etwas sagen, brachte aber kein Wort über die Lippen. Ich klammerte mich an der Bank fest, meine schweißnassen Hände rutschten dabei ab. Jede größere Welle konnte mich über Bord spülen. Lautlos betete ich zu den göttlichen Dioskuren[11] und zu Zeus, dem Retter.
Ganz langsam beruhigte sich mein Magen. Unmerklich waren die Wellen sanfter geworden. Unser Schiff befand sich jetzt ziemlich genau in der Mitte des Hellesponts. Weitab von uns segelten die Schiffe der übrigen Flotte, die von Sestos aus aufgebrochen waren.

11 **Dioskuren** – *Gottheiten der Seefahrt*

Diener stiegen über die Bänke, reichten uns Kränze und besprengten uns mit reinigendem Wasser. Das Opfer für Poseidon[12] und die Nereiden[13] hatte begonnen.

Durch den Treppenaufgang zum Oberdeck sahen wir die Zeremonie. Der König in seiner silberfarbenen Rüstung hatte den Helm zum Opfer abgelegt. Die goldene Schale blitzte in der Morgensonne auf, als er sie langsam zum Geschenk für die Gottheiten über die Bordwand im Meer versenkte. Dann hob er die Hände zum Himmel und betete laut, Poseidon möge uns sicher ans Ufer Asiens geleiten.

„Sieh nur", rief Kallisthenes. „Wenn er die Stirn runzelt, gleicht der König einem jungen Löwen. So stelle ich mir Achilleus vor!"

Über uns auf der Plattform brüllte der schwarze Stier auf, das Opfertier, seine Hufe wirbelten in kurzem Krampf auf den Planken, dann brach er auch schon, getroffen von der Axt des Opferdieners, zusammen.

Wir erhoben uns und stimmten in den Gesang ein. Kallisthenes und ich sahen uns an. In diesem Moment zweifelten wir nicht mehr, unser wunderbarer König war mit den Göttern im Bund.

Wenig später sahen wir alle einen Speer durch die Luft fliegen, der sich zitternd in den Sand des Strandes bohrte. Alexander hatte ihn vom Schiff aus geworfen als Zeichen der Besetzung des Landes der Perser.

In voller Rüstung sprang er als Erster von der Bordwand hinunter. Das Wasser war seicht. Danach gab es kein Halten mehr. Die Leibwächter, Ptolemaios Lagu, Aristobulos und die

12 **Poseidon** – *Gott des Meeres*

13 **Nereiden** – *weibliche Meeresgottheiten, manchmal mit Fischschwanz*

Soldaten kletterten hinterher. Kallisthenes brauchte für den Abstieg etwas länger. Er hangelte sich an einer Strickleiter hinunter. Stroibos und ich waren ihm dabei behilflich. Wie nasse Hunde standen wir am Strand vor der Brandung und schüttelten uns das Salzwasser aus Haar und Kleidung. Wir hatten Asien erreicht. Weit und breit war kein persischer Soldat zu sehen, der uns daran hinderte. Die Würfel waren gefallen – zu unseren Gunsten.

„Die heilige Stätte! Tränen entquellen dem gerührten Auge –", Kallisthenes hielt die Hand an die Stirn und starrte angestrengt zur Stadt auf dem Hügel.

„Ihr könnt anfangen zu diktieren, Herr", sagte Stroibos. Er hockte auf einem Klappstuhl und hielt eine über ein Holzbrett gelegte Papyrusrolle fest, an der der Wind zerrte. „Ich bin bereit zu schreiben."

„Jetzt noch nicht. Ich muss das heilige Troja eine Weile auf mich einwirken lassen, ehe ich die rechten Worte finde, um es zu besingen."

Kallisthenes war auch jetzt, einen Tag nach der Überquerung des Hellesponts, noch etwas grün im Gesicht. Schweigend sahen wir hinüber zur Stadtmauer des ehrwürdigen Ortes. Die Mauer war in erbarmungswürdigem Zustand. Die Zinnen waren herabgebrochen und die hohe Wand voller Risse. Auch die Tempel, die wir bis jetzt gesehen hatten, waren verfallen. Überall lagen umgestürzte Säulen. Auf den Gräbern der Helden Homers draußen vor den Toren wucherten mannshohe Disteln und Brombeeren. Kallisthenes begann mit seinem Diktat, und ich dachte an den gestrigen Tag zurück. Alexander und sein Gefolge hatten sich den Weg zu den Grabstätten von Achilleus und Patroklos mit Mühe freigekämpft, um dort Blumen und Kränze niederzulegen. Ein paar Schlangen waren blitzschnell im Gebüsch verschwunden. Nur eine verstaubte Schildkröte im Sonnenschein vor den Heldengräbern hatte sich nicht stören

lassen. Alexander musste über sie hinwegsteigen, und als er mit dem Opfer fertig war, lag sie noch an derselben Stelle. Mit einem Sprung setzte er über sie hinweg.
Ein halb nackter Mann kam vom Meer hergerannt. Alarmiert sahen wir auf. Es war ein Bote, wie man an seinem soliden Schuhwerk mit den verstärkten Sohlen leicht erkennen konnte.
„Wo ist der König?"
„Er steht im Gespräch mit den Generälen hinter dem größten Zelt", beeilte ich mich zu erklären. Dann folgten wir ihm. Kallisthenes bewegte sich plötzlich mit staunenswerter Geschwindigkeit.
„Das persische Heer sammelt sich nicht weit von hier", rief der Bote, als wir die Gruppe hinter dem Zelt erreicht hatten. Die Leibwächter bildeten eine Gasse für uns. Schweißüberströmt und zitternd vor Anstrengung, blieb der Läufer vor seinem Herrn und Hephaistion stehen.
„Wie viele sind es?" fragte Hephaistion.
„Zwanzigtausend, so heißt es. Ich konnte sie nicht zählen. Sie sammeln sich in der Ebene über dem Fluss Granikos."
„Gut." Alexander schien sich über die Nachricht zu freuen. „Es war klar, dass die Perser Asien gleich hier an den Toren verteidigen."
Wir zogen uns wieder zurück. Kallisthenes suchte sein bequemes Schreibeckchen im Schatten des Zeltes der Schreiber auf, dirigierte Stroibos mit einem strengen Blick auf den Faltstuhl und diktierte.

Das gewaltige Heer der Perser sammelt sich zum Angriff auf die Makedonen und Griechen...

An dieser Stelle brach der Dicke zufrieden ab. Schnaufend ließ Kallisthenes sich nun ebenfalls nieder. Ich reichte ihm meine Wasserflasche. Dankbar nahm er ein paar Züge.

„Welch eine Aufgabe“, stöhnte er. „Sie ist ungeheuer, ich spüre es. Der Boden zittert bereits unter den Rädern der persischen Streitwagen.“

„Ich höre nichts“, sagte ich. „Sie sind weit weg.“

„Sichelwagen[14], sie mähen gepanzerte Soldaten nieder wie Heu im Sommer! Die Perser haben Hunderttausende von Soldaten. Viel mehr, als wir Griechen je aufbringen können.“

Ich wusste, dass es damit nicht so weit her war. Gewiss gab es im riesigen Land des Großkönigs mehr Menschen als irgendwo sonst, doch die Soldaten waren schlecht trainiert, und seit Jahrzehnten schon bedienten sich die Perserkönige für ihre Kämpfe griechischer Söldner.

„Du und ich, wir werden nicht mitkämpfen. Wir sind der Tross,“ versuchte ich, ihn zu beruhigen.

„Du irrst dich – mein Platz ist an der Seite Alexanders.“

Kallisthenes schloss die Augen und seufzte tief. Es war wie eine kleine Theateraufführung für mich und Stroibos.

„Der König wird dich reich belohnen“, sagte ich zu Kallisthenes, um ihm Mut zu machen.

„Ich will kein Geld, Sandalenbinder.“

„Was dann?“

Einen Moment überlegte er. Leise sagte er: „Irgendwann

14 **Sichelwagen** – *Streitwagen mit Klingen an den Achsen*

wirst du den Grund erfahren, weshalb ich hierher gekommen bin."

Ich verstand erst viel später, was er an jenem Tag gemeint hatte. Er hoffte, bei Alexander den Wiederaufbau seiner Heimatstadt Olynth zu erreichen. Alexanders Vater hatte die Stadt erst erobert und dann zerstört. Natürlich konnte ich damals auch noch nicht ahnen, welches Schicksal Kallisthenes erwartete.

Der „Rachefeldzug“ gegen die Perser

Die griechischen Stadtstaaten waren traditionell untereinander zerstritten. Die Perserkönige, Herrscher des damals größten Reiches der Erde, schürten diese Feindschaften für ihre Zwecke: Je uneiniger Griechenland war, desto ungefährlicher war es auch. Zur persischen Diplomatie gehörte es, in den Städten Griechenlands perserfreundliche Politiker mit Geld zu unterstützen. Auch militärisch griff Persien in die innergriechischen Konflikte ein. Eine Eroberung Griechenlands war mehrmals versucht worden, den Persern aber nie geglückt.

Als Alexander im Frühjahr 334 v. Chr nach Asien übersetzte, verwirklichte er den geplanten Feldzug seines Vaters Philipp II. Dabei gab es für diesen keinen wirklichen Anlass. Angeblich ging es um Rache für die persische Invasion 490 v. Chr. unter Xerxes (519–465 v. Chr.) und die Schändung der Tempel auf der Akropolis in Athen 480 v. Chr. – nach so langer Zeit eigentlich keine ausreichende Begründung. Außerdem sollten die griechischen Städte Kleinasiens von der persi-

Seeschlacht von Salamis, September 480 v. Chr. Der persische König Xerxes (519–465 v. Chr.) beobachtet die Schlacht. Holzstich, um 1880

schen Vorherrschaft befreit werden – diese jedoch waren mit ihrer Situation nicht unzufrieden. Viele von ihnen blühten unter der Fremdherrschaft, wie Milet, Kyzikos und Lampsakos. Doch Alexander hatte das Kriegsvorhaben von Philipp geerbt, eine Erbschaft, die er kaum infrage stellen konnte. Hinzu kamen sein eigenes Machstreben und sein Ehrgeiz als großer Feldherr – und die sagenhaften Reichtümer Persiens lockten.

Die Gelegenheit war günstig: Griechenland war seit Jahrhunderten erstmals vereint, das Perserreich hingegen nicht mehr so mächtig und organisiert wie in früheren Jahrhunderten. Entgegen kam Alexander auch, dass die Perser nicht mit einer so schnellen Invasion gerechnet hatten. König Dareios III. (380–330 v. Chr.) war selbst erst seit 336 im Amt. Als Alexander den Hellespont überschritt, hatten die Perser sich noch nicht einmal auf einen Oberkommandanten geeinigt und waren uneins über die Art der Kriegführung gegen die Eindringlinge.

Zunächst ging es Alexander um Kleinasien, die heutige Türkei, mit ihren zahlreichen Griechenstädten an der Küste. Um einen größeren Feldzug auszurichten, fehlten ihm schlicht die Geldmittel. Mit einer geringen Summe und Proviant für 30 Tage ausgerüstet, überquerte er den Hellespont. Hätte er nicht fortlaufend gesiegt, er hätte sehr bald schmählich umkehren müssen.

Götter und Religion Griechenlands

Der griechische Götterhimmel kannte ursprünglich zwölf Götter. Ihr Herrscher war der Göttervater Zeus. Seine Gemahlin war Hera, die Beschützerin der Ehe und Familie. Hinzu kamen die Zwillingskinder des Zeus, Apollon, der Gott des Lichtes, des Heilens und der Künste, und Artemis, die Göttin der Jagd; weiterhin Zeus' Lieblingstochter Athene, die Göttin der Weisheit, der Meergott Poseidon, der Kriegsgott Ares, die unberechenbare Göttin der Schönheit und Liebe, Aphrodite, Hephaistos, der Gott der Schmiede, Hermes, der Götterbote. Demeter war die Göttin von Korn und Fruchtbarkeit, Hestia, die Schwester des Hephaistos, für das Herdfeuer und den häuslichen Frieden zuständig. Diese zwölf Gottheiten bewohnten einen Götterpalast auf dem Berg Olymp und wurden als „Olympier" bezeichnet. Hades regierte in der Unterwelt.

Später hinzu kamen Herakles, der Sohn des Zeus, und Hebe, die Mundschenkin der olympischen Götter. Außerdem gab es noch Dionysos, den Gott des Rausches und des Weins. Ihn umgaben die Nymphen (Waldgöttinnen) und Satyre (bocksgestaltige, Schabernack treibende Wesen).

Diese Götter waren unsterblich, aber nicht frei von Gefühlsaufwallungen, die sie sehr menschlich machten. Alle verliebten sie sich gelegentlich in sterbliche Menschen und zeugten mit ihnen manchmal Kinder, so etwa Zeus den großen Helden Herakles, der nach vielen Mühen und Leiden zum Gott ernannt wurde.

Die Götter waren nicht gleichgültig gegenüber den Menschen. Sie freuten sich über Opfer und belohnten diese, ärgerten sich über verweigerte Opfer und bestraften die Menschen. Sie kannten die Zukunft, irrten sich aber manchmal. Die Macht des Einzelgottes war begrenzt, die Götter ergänzten sich gegenseitig.

Die meisten Götter wurden in Tempeln oder Heiligtümern verehrt. Der Innenteil des Tempels wurde nur von Priestern betreten. Um Gott oder Göttin günstig zu stimmen, konnte sich der Einzelne jederzeit mit Opfergaben an sie wenden. Es gab Schlachtopfer und Trankopfer. Vor jedem Mahl wurde der erste Tropfen Wein den Göttern gespendet.

Eine wichtige Rolle spielten die Seher, die zu Beginn eines jeden Schlachtopfers die Innereien der Tiere auf Auffälligkeiten untersuchten und daraus gute oder schlechte Vorzeichen lasen.

Artemis (sog. Artemis Colonna), römische Kopie nach griechischem Original, um 340 v. Chr.

Aristoteles: der große griechische Denker

Das griechische Wort **philosophia** bedeutet „Liebe zur Weisheit", und der Philosoph ist ein Freund der Weisheit. Er denkt über die Welt und den Menschen nach und versucht, sie zu verstehen und zu deuten. So nannte man die Philosophie auch die „Wissenschaft von den göttlichen und menschlichen Dingen". Einige antike Philosophen sammelten Schüler um sich, manche gründeten sogar Schulen, andere zogen es vor, allein für sich nachzudenken.

Aristoteles (384–322 v. Chr.), einer der wichtigsten Philosophen der griechischen Antike, wurde in Stageiros zwischen Thrakien und Makedonien geboren. Fast 20 Jahre lang besuchte er die Akademie des herausragenden Philosophen Platon (427 –348/347 v. Chr.) in Athen. Nach Platons Tod ging Aristoteles an den Hof des Fürsten Hermeias von Atarneus, später zu Theophrast nach Mytilene auf Lesbos[15].

343 v. Chr. wurde er an den Hof Philipps II. von Makedonien berufen, wo er acht Jahre verweilte und den jugendlichen Alexander einige Zeit erzog. Er vermittelte seinem Schüler neben Philosophie auch Mathematik und Kunst und medizinische Kenntnisse, von denen Alexander auf seinem Feldzug Nutzen hatte. Der Philosoph machte ihn mit den Lehren über Politik und Staatsführung bekannt und versuchte, dem ungestümen Jugendlichen die griechischen Tugenden von Selbstbeherrschung und Maßhalten zu vermitteln. In Athen gründete Aristoteles eine eigene Schule am Flüsschen Lykabettos, das

15 Lesbos – *griechische Insel im Ägäischen Meer*

Lykeion, auch Peripatos (Wandelhalle) genannt, das jedoch im Gegensatz zur Akademie mehr Forschungsstätte als Schule war. Die Schüler und Nachfolger des Philosophen nannten sich „Peripatetiker".

322 verstarb Aristoteles, ein Jahr nach seinem jungen Schüler.

Aristoteles kehrte sich von Platons Ideen-Lehre ab und wendete sich stattdessen der Lehre von **ousia** (Sein) und **empeiria** (Erforschung) zu. Daher kommt unser Wort „Empirie". Vor aller Erkenntnis stand seiner Meinung nach die genaue Erforschung. Er legte zu zahlreichen Wissensgebieten Materialsammlungen an. Neben seinen philosophischen Werken, die bis weit über seinen Tod hinaus große Bedeutung hatten und haben, widmete Aristoteles sich den Naturwissenschaften, besonders der Biologie und Zoologie. Hervorragend sind seine Beschreibungen des Tierreichs.

Viele seiner Schriften wurden zunächst ins Arabische übersetzt und gelangten dann erst im 12. Jahrhundert in lateinischen Übersetzungen nach Westeuropa. Die Kenntnis seiner Werke gehörte daraufhin lange Zeit im christlichen Abendland zur unerlässlichen klassischen Allgemeinbildung.

Aristoteles

3. Rolle: Immer der Erste zu sein und hervorzuragen vor andern – Über den Granikos

Seit Tagen war das Heer in Schlachtordnung vorgerückt. Alexander hatte eine doppelte Phalanx[16] seiner Hopliten[17] gebildet, während sich die Reiter an den Flügeln befanden und der Tross ganz hinten nachfolgte. Ein kleiner Vortrupp war ständig unterwegs und hielt uns über die Bewegungen der persischen Truppenverbände auf dem Laufenden.
„Oh Herr, die Perser stehen in geordnetem Kampfverband am Steilufer des Flusses Granikos und erwarten die Unsrigen", stieß der Meldereiter hervor, der ins Zelt hineingestürzt war, wo ich die Füße Alexanders gerade mit Bimsstein von Hornhaut befreite.
Parmenion, der große Feldherr, der schon Alexanders Vater gedient hatte, stapfte schwerfällig herein. Er war schnell geritten und außer Atem. Man merkte ihm an, dass er nicht mehr der Jüngste war.
Trotz der vielen Truppenführer, die sich an diesem Nachmittag im Zelt des Königs versammelt hatten, war es leise. Die Männer waren fertig zum Aufsitzen, jeder trug Panzer und Waffen, doch die Stimmung war gereizt. Alexander war kampfentschlossen, das wussten sie alle, doch sie waren nicht bereit, sich so spät am Tag noch auf etwas einzulassen, was jeder von ihnen als leichtsinnig und unvernünftig empfand.

16 **Phalanx** – *der geschlossene Verband der Hopliten, auch Schlachtordnung*
17 **Hoplit** – *mit Lanze und Schwert bewaffneter und gepanzerter Kämpfer*

Keiner sprach es aus, und doch war ihr Unwille deutlich zu spüren, er lag beinahe greifbar in der Luft.
Ich war fast fertig. Ich streifte meinem Herrn die wadenhohen leichten Stiefel über, zog die Riemen fest und befestigte die Sporen.
„Alexander, warte bis morgen“, sagte Parmenion, er sah noch grauer und runzliger aus, als er ohnehin war. „Es ist zu spät für den Angriff. Wir sollten hier über Nacht lagern – die Feinde werden nicht angreifen. Ihr Fußvolk ist viel schwächer als unseres. Wenn sie jetzt lagern, müssen sie sich zurückziehen, und wir können in aller Frühe bei Morgengrauen über den Fluss kommen, ehe sie in Schlachtordnung aufgestellt sind.“
„Ich muss mich vor dem Hellespont schämen, über den wir gerade gefahren sind, wenn ich Angst vor diesem elenden Bach Granikos hätte!“ Alexander lachte. Jeder, der ihn kannte, wusste, dass er nicht mehr aufzuhalten war.
„König“, begann Hephaistion, „es ist kein Bach. Ich war am Fluss, er führt reißendes Wasser, und die Ufer sind zu steil.“
„Deswegen nehme ich nicht den schweren Bukephalos, sondern Halos. Halos bringt mich jedes Ufer hinauf.“
„Im Monat Daisios[18] sind makedonische Heere niemals ausgezogen“, wandte Parmenion ein.
„Aber es ist nun einmal Daisios.“ Alexander zuckte die Achseln und streckte die Arme aus, ich zog die Riemen des Brustpanzers schnell noch einmal nach. Zum Glück trug er einen seiner gewohnten makedonischen und nicht den Panzer der Göttin Athene, den er im Tempel in Troja gegen

18 **Daisios** – *makedonischer Monat, unser Mai*

einen kostbaren makedonischen eingetauscht hatte. Der Brustpanzer der Göttin war ihm erstens zu groß und außerdem verrostet. Die königlichen Waffenschmiede saßen an den Platten und versuchten, sie für Alexanders Körper anzupassen. Dafür aber, so versicherten sie, brauchten sie noch einige Tage.

„Im Daisios ist noch nie ein makedonisches Heer –“, begann Parmenion erneut.

„Ist es zu glauben! Meine Heeresführer ängstigen sich wie abergläubische alte Weiber, und das noch ohne Grund! Nicht einmal mein Sandalenbinder fürchtet sich vor dem Steilufer und dem Monat Daisios!“ Alexander war in Zorn geraten. Seine Stimme grollte wie die eines wütenden Löwen.

„Sprich, Nikandros!“

„Mein Maultier würde über den Fluss kommen, ganz sicher. Ich gebe es gerne an jemanden ab.“ Ich sprach wie ein Idiot. Lautes Gelächter war zu hören. Alexander zog mich neben sich.

„Er fürchtet sich nicht. Zieh dir den Lederpanzer über, da drüben –“

Mit zitternden Händen griff ich nach den Panzerteilen.

„Herr, ich –“

„Du kommst mit!“, schrie Alexander. „Der Monat Daisios heißt ab heute „der zweite Artemisios“[19], und jetzt will ich nichts mehr hören. Feiglinge dürfen im Lager bleiben.“

Dies war das einzige Mal in meinem Leben, dass ich an der Seite des Königs in eine Schlacht ritt, ich, der Sandalenbinder. Noch nie zuvor war ich mit einer Lanze in der Hand auf

19 **Artemisios** – *makedonischer Monat, unser April*

meinem guten tapferen Itto geritten. Und ich hätte gerne auf die fragwürdige Ehre verzichtet. Krieg mögen andere führen – ich bin nicht der Mann dazu, ich gestehe es frei. Meine Hände zitterten, kaum konnte ich Ittos Zügel halten.

Das Heer rückte vor. Zahlenmäßig war unsere Reiterei der der Perser unterlegen. In der Aufregung sah ich es nicht, aber ich wusste, dass es so war. Es ging das Gerücht, die Perser seien doppelt so stark wie wir. Parmenion sprengte hinüber zum linken Flügel, Alexander ritt mit seinen Abteilungen auf den rechten, wo der riesige Philotas, der Sohn Parmenions, das Kommando über die Reiterei der Hetairoi führte, außerdem die Bogenschützen und die Speerwerfer. Amyntas, der die Lanzenreiter befehligte, kaum zu erkennen unter dem Helm, war neben Philotas' Fuchshengst geritten. Ich erkannte auch ihn nur an seinem zierlichen thessalischen Falbwallach. Alexander hielt kurz inne und rief die Namen der Kommandeure auf. Nikanor, Parmenions zweiter Sohn, führte die Hypaspisten[20] an. Ich blieb eng an der Seite des Königs, als könnte seine bloße Anwesenheit mich vor den Feinden schützen.

20 **Hypaspist** – *Schildkämpfer*

Es war ein furchterregender Anblick, die aufgereihten Truppen am anderen Ufer des Flusses zu sehen. Man sah ihre Massen überdeutlich, da wie in einem Theater das Gelände auch über dem Ufer noch anstieg.
Alexander war eindeutig als der König zu erkennen. Er trug den silbrig leuchtenden Panzer und auf dem Helm zwei große weiße Federn. Es war, als hätten die Perser es nur auf ihn abgesehen, ganz plötzlich drängten sie sich zusammen an der Stelle, auf die er zuhielt. Kurz standen sich die beiden Heere auf den hohen Ufern unbeweglich gegenüber. Tiefes Schweigen herrschte auf beiden Seiten.
Zwei Abteilungen Reiter sprengten vor uns hinunter in die Fluten, das Wasser platschte auf, als die Pferde darin aufsetzten. Dann hörte ich die Angriffstrompeten der Makedonen und das Schlachtgeschrei, ein gewaltiges Brausen, und

trieb mein Maultier hinter Alexander her. Das Wasser war erschreckend tief und riss uns beide mit sich, Itto und mich. Es war unmöglich, in der Nähe des Königs zu bleiben. Ich klammerte mich an Ittos Hals fest und sah, wie Alexander die Schlachtreihe schräg entsprechend der Flussströmung führte, damit sie beieinanderblieb. Inzwischen stiegen die Perser die Steilböschung herab und trafen bereits unten auf die Vorabteilung, andere schleuderten Speere auf unsere Leute. Ich hielt den runden Schild über meine Seite und war gewiss kein Held. Neben mir brachen Pferde zusammen, schrien Männer getroffen auf und wurden vom Fluss fortgerissen. Pfeile sirrten über mich hinweg.

Mir war, als fände der ganze Kampf nur noch um Alexander statt. Fast allein kämpfte er gegen eine ständig anwachsende Gruppe von Persern. Mein Maultier war inzwischen weit ab-

getrieben, mir blieb nur die Rolle des Zuschauers – zu meinem Glück, denn hätte mich einer der Gegner angegriffen, was hätte ich, der Sandalenbinder, ihm schon entgegenzusetzen gehabt? Weiter oben erklommen die makedonischen Verbände das Steilufer. Auch ich hatte jetzt das Ufer erreicht. Irgendwie gelang es Itto, aus der Strömung zu finden und sich hochzuarbeiten.

Oben angekommen, hielten wir beide inne und sahen weit vor uns den König, der immer noch gegen eine Gruppe berittener Perser kämpfte. Einige der Leibwächter umgaben ihn jetzt. Alexander hielt den Stumpf seiner zerbrochenen schweren Lanze hoch und tauschte ihn gegen die Sarissa[21] eines seiner Männer. Immer mehr makedonische Kämpfer kamen herbei. Über dem König sah ich ein Schwert aufblitzen und den Oberteil des Helms mitsamt den weißen Federn davonfliegen. Das war der Moment, in dem auch mich ein Schwerthieb traf. Ich bekam noch mit, dass ich aus dem Sat-

21 **Sarissa** – *Langspeer, ca. 6 kg schwer und 6 m lang, von Philipp II. für das makedonische Heer eingeführt*

tel fiel und mein Kopf aufschlug. Dann umgab mich nur noch Finsternis.

Die Götter schenkten in dieser ersten Schlacht auf persischem Boden unseren Truppen einen strahlenden Sieg. Sie belohnten unseren König, der seinen Kriegern vorangeritten war, der sich als erster in den Kampf gestürzt hatte. Wir erbeuteten 300 persische Rüstungen. Sie wurden der Göttin Athene auf der athenischen Akropolis geschickt. Zahlreiche griechische Söldner im Dienst der Perser wurden gefangen genommen und zur Zwangsarbeit nach Makedonien gesendet.

Zum Ruhm Griechenlands: das Heer des Alexander

Die Soldaten

Militärisch gesehen, war Alexander bei seinem großen Feldzug von Beginn an im Vorteil. Seine Armee war gut ausgerüstet und trainiert. Die griechische Streitmacht hatte gegenüber dem bunt zusammengewürfelten Perserheer außerdem den Vorteil, eine gemeinsame Sprache zu sprechen.

Das Heer setzte sich zusammen aus Makedonen, griechischen Bundesgenossen und angeworbenen Söldnern. Sie mussten selbst ihre Ausrüstung stellen, doch während des Feldzugs sorgte der König für Ersatz und Erneuerung.

Wie schon unter König Philipp bestand die Armee aus der Reiterei der Hetairoi, dem schwer bewaffneten Fußvolk der Pezeteroi und den Hypaspisten (Schildkämpfern von griech. **aspis**, Schild), die aus der Hypaspistenleibwache und der leichter bewaffneten Hypaspistentruppe bestanden. Außerdem gab es Leichtbewaffnete, zu denen Bogenschützen und leichte Reiter gehörten.

Die Streitmacht bestand aus etwa 30 000 Fußsoldaten und 5 000 Reitern. Die schwere Infanterie hieß Phalanx, sie wurde von den Hopliten gebildet. Sie kämpften mit Helm, Panzer, Beinschienen und Schild. Angriffs- und Verteidigungswaffen waren der lange Speer und das griechische kurze Schwert. Die Kämpfer der leichten Infanterie, die Hypaspisten, waren mit

einem Leinenpanzer, leichten Schilden und langen Schwertern ausgestattet und auf diese Weise besonders beweglich. Die Reiterei Alexanders hatte Helm, Halsschutz, Panzer und Beinschienen, zudem Schwert und Speer. Die Pferde waren ebenfalls gepanzert.
Zur besonderen Kampftechnik der makedonischen Heere seit Philipp II. gehörte das Prinzip der „verbundenen Waffen", das wohltrainierte Zusammenwirken der verschiedenen Abteilungen im Kampf, und die „schräge Schlachtordnung", die schwerpunktmäßige Verdichtung von Kämpfern.

Der Tross

Zählt man zu den Soldaten den Tross hinzu, verdoppelte sich nach Berechnung der Militärhistoriker die Anzahl der Personen in Alexanders Heer. Zu diesen Menschen gehörten Wagen, Trag- und Zugtiere mitsamt Gepäck und Ausstattung. Wir müssen uns Waffenschmiede und Schuster mit ihren mobilen Werkstätten vorstellen, Ärzte, Köche, Pferdetreiber, die Bedienung der adligen Kämpfer, mindestens einen Pack-

„Speira", bestehend aus 256 Fußsoldaten, Basiseinheit der makedonischen Phalanx

knecht für jeden Reiter. Je weiter der Feldzug fortschritt, desto mehr Frauen und Kinder begleiteten die Soldaten, außerdem führte bald schon jeder Beteiligte reiche Beute mit sich. Diese bestand nicht nur aus Packtieren und Wertgegenständen, sondern auch aus Sklaven. In der Schlacht von Issos (333 v. Chr.) fiel Alexanders Truppen ein großer Teil des persischen Trosses in die Hände, den die flüchtenden Perser zurückließen. Darunter befand sich der Harem des Großkönigs Dareios mit Frauen und Kindern und das königliche Zelt mit dem Bad und luxuriöser Ausstattung, dazu sämtliche Dienerschaft. Doch auch die einfachen Soldaten fanden reiche Beute vor.

Die Spezialisten

Die Welt war nicht nur mit Militär und Generälen zu erobern. Wichtig waren für das Heer auch die Technikertruppen, die für Belagerungsmaschinen und Geschütze zuständig waren sowie für Straßenanlagen, Brücken- und Lagerbau. Von Anfang an hatte Alexander zahlreiche griechische Spezialisten bei sich. Deinokrates war der Architekt, der den Plan zum Bau Alexandrias entwarf. Wir hören von den Bematisten (Vermessern) Baiton, Diognetos und Philonides, die Straßen und Lagerplätze anlegten. Nearchos und Onesikritos waren Schiffbau-Fachleute. Der Architekt und Ingenieur Aristobulos interessierte sich für Geografie und Naturgeschichte, Alexander gab ihm immer wieder wichtige Aufträge. Unter den Brunnenbauern ragte der Wasser- und Minen-Ingenieur Gorgos hervor. Sehr wichtig war auch Diades, der Fachmann für die Belagerungsmaschinen.

Der Feldzug ist von mehreren Personen sorgfältig dokumentiert worden. Die Geschichtsschreiber waren zunächst Teilnehmer des Feldzugs, wie Aristobulos, Ptolemaios Lagu, Kallisthenes und Nearchos. Die Gegenseite, die angegriffenen Perser, die Bewohner zerstörter Städte, kam in dieser Geschichtsschreibung nicht zu Wort.

Autoren späterer Zeit wie Arrian, Curtius Rufus und Plutarch benutzten die Werke der Vorgänger, die zu ihrer Zeit noch vollständig in den Bibliotheken der „Weltstädte" Athen, Alexandria, Pergamon und Ephesos standen. Durch ihre Bücher über Alexander lassen sich für uns heute zahlreiche Passagen aus den nicht mehr erhaltenen Originalautoren rekonstruieren.

Darüber hinaus entstanden schon in der Antike Bücher mit romanhaftem Inhalt über Alexander, der für die Menschen immer mehr zum sagenhaften Helden wurde.

Hopliten beim Anlegen der Rüstung.
Nachzeichnung einer griechischen Vasenmalerei,
5. Jahrhundert v. Chr.

Das erste Jahr in Persien

Der Sieg der Griechen am Granikos 334 v. Chr. hatte psychologische Folgen. Die berühmte persische Reiterei, zahlenmäßig viel stärker als die Alexanders, hatte sich als unterlegen erwiesen, das Selbstbewusstsein der Perser war stark angeschlagen. Von nun an erhielt der Grieche Memnon den Oberbefehl über die persischen Truppen in Kleinasien.

Nach der Granikos-Schlacht machte der junge König sein Versprechen wahr, die Städte Ioniens an der kleinasiatischen Küste zu befreien. Diese „Befreiung" war strategisch bedeutend, denn die Städte waren zugleich Häfen und so von größter Wichtigkeit für die Verteidigung der Perser durch ihre starke Flotte.

Alexander marschierte zunächst auf die Stadt Sardes zu, die sich beim Anblick des Heeres vor ihren Toren ergab. Auch die Satrapenresidenz Daskyleion und Ephesos leisteten keinen Widerstand. Alexander nahm als Nächstes Milet ein. Mit jedem Sieg des Makedonenkönigs trafen weitere Städtegesandtschaften ein, um sich zu ergeben.

Ein wichtiger Stütz-

Kampf der Griechen gegen die Perser unter Alexander dem Großen. Detail aus dem Fries des Alexander-Sarkophags aus Sidon (310 v. Chr.)

punkt der Perser in Karien war die Festung Halikarnass, in der persische Truppen und griechische Söldner standen. Alexander setzte Belagerungsmaschinen und Unterminierungsarbeiter gegen die Stadtmauern ein. Nach tagelanger verlustreicher Belagerung steckten die persischen Feldherren Memnon und Orontobates die Stadt in Brand und flohen. Alexander ließ Halikarnass dem Erdboden gleichmachen. Anschließend zog er weiter an die lykische und pamphylische Küste. Eine Stadt nach der anderen unterwarf sich freiwillig.

Im Frühjahr des neuen Jahres kamen aus Makedonien neu ausgehobene Truppen nach Kleinasien – mehr als 3 500 Mann. Es ging jetzt nach Pisidien und Phrygien. Memnon versuchte, dem Krieg eine neue Wendung zu geben, indem er griechische Städte in der Heimat angriff. Doch ausgerechnet jetzt erkrankte er. Ein Jahr nach der Schlacht am Granikos verstarb er ganz plötzlich.

Sein Neffe Pharnabazos, der neue Oberbefehlshaber in Kleinasien, setzte wieder die persische Flotte zur Gewinnung der Inseln vor der Küste ein. Niemand konnte wissen, wer in diesen Auseinandersetzungen langfristig Sieger sein würde. Die Bestrafungen von beiden Seiten waren lebensbedrohlich – zwischen Treue, Befreiung und Eroberung mussten die kleinasiatischen Städte vorausblickend sein. Eins war schon jetzt erkennbar: Alexander hatte noch viel vor.

Schwarzes Meer
Makedonien
Pella
Ankyra
Gordion
Granikos
Troja
Griechen-
land
Sardes
Ephesos
Milet
Athen
Side
Halikarnass
Sparta
Kreta
Sidon
Tyros
Alexandria
Libyen
Pelusion
Memphis
Oase
Siwa
Ägypten

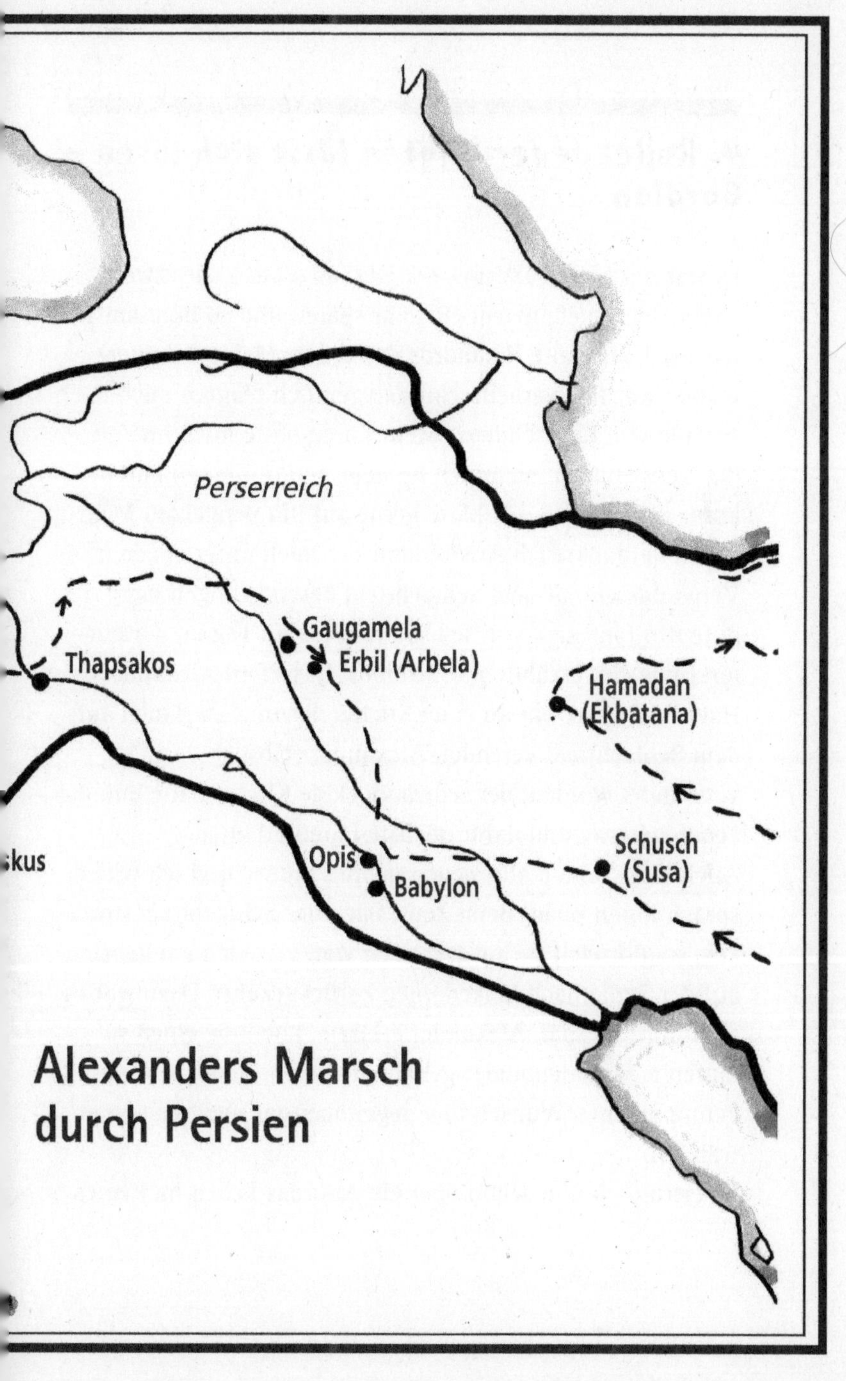
Perserreich
Gaugamela
Erbil (Arbela)
Thapsakos
Hamadan
(Ekbatana)
Schusch
(Susa)
Opis
Babylon
kus
Alexanders Marsch
durch Persien

4. Rolle: Jeder Knoten lässt sich lösen – Gordion

Es war der Monat Daisios, der jetzt allgemein „der zweite Artemisios“ hieß, genau ein Jahr später, und so langsam war ich wieder der alte Nikandros geworden. Meine Schulterwunde war fast verheilt. Nur gelegentlich plagten mich noch Anfälle von Kopfschmerz. Mein König hatte mich im Zelt der Verwundeten mehrfach besucht und mir einen Ehrenkranz aufgesetzt – ich hätte gerne auf ihn verzichtet. Mein Leben verdankte ich Aristobulos, der mich unter anderen Verwundeten auf dem Schlachtfeld hervorgezogen hatte. Der gute Itto fand sich von selbst am nächsten Tag an der Futterkrippe ein, erzählte mir Stroibos. Das Pferd Alexanders, Halos, dagegen war an einer Stichverletzung im Bauch auf dem Schlachtfeld verendet. Alexander selbst war wie ich verwundet worden; der schwarzlockige Kleitos hatte ihm das Leben gerettet und dafür höchste Ehren erhalten.
Auch mich lobten alle wegen meines Mutes, und ich widersprach ihnen nicht. Beim Zeus, nach der Schlacht am Granikos, so glorreich sie ausgegangen war, wäre ich am liebsten auf der Stelle nach Makedonien zurückgekehrt. Dazu war es allerdings zu spät. Alexander erklärte, noch nie einen so tapferen Sandalenbinder gehabt zu haben, und ich war klug genug, meinen Wunsch ihm gegenüber gar nicht erst zu erwähnen.
So ertrug ich nun schon über ein Jahr das Leben im Heeres-

lager. Glaube mir, Bagoas, der Krieg ist für Leute wie uns nichts Großartiges. Im Buch des Kallisthenes werden wir nicht vorkommen. Das Leben im Feld bedeutet Staub und Schmutz, Hitze und schlechtes Essen, oft genug harten steinigen Boden als Bett, und natürlich bedeutet es Tod. Tote und Verwundete, trotz oder sogar wegen unserer vielen großen Siege. Jeder Tote hat ein Gesicht, war ein Mensch wie du und ich, und wenn du ihn kanntest, musst du weinen. Ich habe zu viele tote Kinder und verzweifelte Frauen gesehen, niedergebrannte Häuser, rauchende Felder, verkohlte Bäume. Ich habe jeden Tag geweint. Du wirst es selbst noch erleben, denn unser König will im Gegensatz zu mir auch heute noch nicht zurückkehren nach Makedonien. Er ist entschlossen, bis an die Grenzen der Welt zu ziehen.

Wir hatten die Städte Sardes und das niedergebrannte Halikarnass und viele kleinere mit verängstigten Menschen hinter uns gelassen; wir hatten reichlich Beute gemacht und waren reich beschenkt worden von den Einwohnern des Landes. Bis jetzt hatten wir nicht hungern müssen, immer waren für das riesige Heer Alexanders genug Nahrung und Futter für die Reit- und Zugtiere herbeigeschafft worden von verhärmten, ausgemergelten Landbewohnern. Jetzt standen wir vor den Toren von Gordion.

Die altehrwürdige Königsstadt des Midas[22] im phrygischen Hochland auf einer steilen Felsenkette errichtet – schon von unten am Fuß des Berges war sie ein erhebender Anblick. Der König hatte beschlossen, der Stadt und ihren Bewohnern einen Besuch abzustatten. Vor allem wollte er den Wagen

22 Midas – *phrygischer Herrscher im 8. Jahrhundert v. Chr.*

des Midas besichtigen, der im Zeustempel der Burg als Weihgeschenk für den Göttervater aufgestellt war.

Huldvoll erwiderte der König die Begrüßung der in lange weiße Gewänder gekleideten Männer aus dem Rat der Stadt, die ihm mit Palmzweigen in den Händen zum Zeichen der Ergebung entgegenkamen. Ihr Griechisch war sehr schlecht und kaum verständlich. Auf den Mauern drängten sich Kinder und Erwachsene, die die Makedonen und Alexander sehen wollten. Blüten regneten auf uns herab. Man begrüßte uns so freudig wie möglich, und doch erkannte ich auch Angst in den Gesichtern.

Auf einem hölzernen Podest war der alte Streitwagen aufgestellt, dessen Deichsel mit einem altersschwarzen Knoten aus ineinander verknüpften Seilen aus Kornelkirschenbast am Zugjoch befestigt war.

„Keinem Menschen ist es bis heute gelungen, diesen Knoten aufzulösen", erklärte der Adelige, der uns führte. Auch er war in ein altmodisches bodenlanges weißes Gewand gehüllt und trug zu meinem Erstaunen persische Schnabelschuhe. Doch damit nicht genug, in der Menge sah ich sogar eine große Anzahl Menschen in Hosen! „Und es gibt eine alte Sage, dass der Mann, der es dereinst tut, die Herrschaft über ganz Asien gewinnt."

„Nein, die Herrschaft über den ganzen Erdkreis", fuhr Kallisthenes dazwischen, der sich bereits informiert hatte.

Aristobulos, der Ingenieur, trat vor, bückte sich unter die Deichsel und untersuchte den Knoten. Dann trat er zum König und flüsterte kurz mit ihm.

Alexanders Augen blitzten auf. Die Herausforderung reizte ihn. Mit einem Satz sprang er hoch und untersuchte ebenfalls die Knüpfung des mannskopfdicken Knotens. Er prüfte sie bedächtig und bückte sich, um sie auch von unten anzuschauen. Dann ging ein Lächeln über seine Züge, und er griff zu. Der Wagen ruckte unter dem Ziehen seiner Arme.

„Das Geflecht ist mehrfach verschlungen, und die Enden sind versteckt", murmelte Hermolaos, einer der Pagen Alexanders, der neben mir stand.

Der König wurde sichtlich unruhig, während er zog. Mir kam der Gedanke, dass es unvorsichtig gewesen war, sich überhaupt auf einen Versuch vor aller Augen einzulassen.

Und wie immer litt ich mit Alexander, obwohl er doch der König war und ich nichts als sein niedrigster Diener.

Ganz plötzlich ließ Alexander den Knoten los und griff nach seinem Schwert. Ehe wir erkannten, was er vorhatte, blitzte die

Klinge in der Luft auf und durchschnitt den Wust aus ineinander verflochtenen Seilen.

Alle schrien auf. Der Wagen erzitterte, als sich der Knoten löste. Schweißperlen standen auf der Stirn des Königs. Jetzt lächelte er wieder sein Löwenlächeln.

„Der Knoten ist durchtrennt", sagte er.

Die alten Männer vom Rat der Stadt applaudierten höflich, doch nicht so begeistert wie die Makedonen rundum.

„Großer König, damit fällt dir die Herrschaft über ganz Asien zu, über den Rest der Welt", rief Kallisthenes, sichtlich beglückt über den guten Ausgang.

Ich war außer mir. Jeder Knoten lässt sich mit Geduld und Konzentration lösen, das ist eine alte Weisheit nicht nur der Sandalenbinder. Scheu sah ich hinüber zu Kallisthenes, doch der beachtete mich nicht.

„Eigentlich hat er den Knoten nicht aufgelöst," sagte ich zu Stroibos.

„Was sonst, Schuhputzer?"

„Er hat ihn zerstört."

„Im Krieg ist jedes Mittel erlaubt." Er zuckte die Achseln.

„Ist das auch eine Weisheit?"

„Es ist eine Beobachtung."

„Man soll Knoten nicht gewaltsam

aufschneiden, weil dann die Schnur zerstört ist, dies lehrt uns die Erfahrung", beharrte ich.

„Schuhputzer", ließ sich Stroibos erneut vernehmen, „vom Krieg und seinen Gesetzen verstehst du nichts. Wir wären verloren, wenn solche wie du –"

„Schon gut", wiegelte ich zähneknirschend ab. Mir war unbehaglich zumute. Würde es Alexander Glück bringen, alte Weisheiten zu missachten und sich überall seinen Weg mit Gewalt frei zu machen?

„Gut, dass du nicht das Recht hast, dem König Anweisungen zu geben", sagte Kallisthenes, der meine Worte wohl doch gehört hatte, und kritzelte weiter auf sein Täfelchen.

In der Nacht gab es ein heftiges Gewitter mit zuckenden Blitzen und grollendem Donner. Doch unser Seher Aristander erklärte fast fröhlich, dass es sich hierbei um gute Nachrichten der Götter handelte. Der alte Spruch von der Lösung des Knoten habe seine Erfüllung gefunden. Am Morgen opferte Alexander den Göttern, die ihm das Geheimnis des Knoten offenbart und das Gewitter gesendet hatten.

Am folgenden Tag zog der König mit dem Heer weiter durch die Hochebene in Richtung auf die Stadt Ankyra.[23]

23 Ankyra – *das heutige Ankara, Hauptstadt der Türkei*

Mode zur Zeit Alexanders – Was trugen Männer und Frauen?

Griechische Frauen waren seit jeher mit dem bis zu den Knöcheln reichenden Chiton, einem Untergewand aus hellem, leichten Wollstoff bekleidet. Darunter wurde ein breites Band, der Büstenhalter, getragen, darüber ein Mantel, das Himation, aus einem Wollstoff. Modische Akzente setzte man mit der Art, wie der Chiton gegürtet und gebunden wurde. Webkunst und Stickerei waren hoch entwickelt. Als höchster Luxus galt die Purpurfärbung von Kleidung.

Die Männer trugen zur Zeit Philipps II. und Alexanders einen kniekurzen Chiton und darüber, wenn sie das Haus verließen, stets ein Himation oder die Chlamys (einen kurzen, über die Schultern fallenden Mantel, zumeist als Reise- und Jagdkleidung benutzt, in Makedonien auch der Militärmantel). Diese Chlamys war in Makedonien am Saum rund geschnitten, während sie ansonsten ein viereckiges Stück Tuch war. Priester, städtische Beamte, hochstehende Persönlichkeiten und Könige bekleideten sich noch mit dem bis zu den Füßen reichenden langen Chiton wie im 6. und 5. Jahrhundert v. Chr. mit einem eng darübergewundenen Himation. Auf Reisen trug man einen breitkrempigen Reisehut, den **pétasos**. Typisch makedonisch war der weiße Königshut, die **kausía**. Andere Menschen durften sie bei Todesstrafe nicht aufsetzen.

Bei der Arbeit trugen Sklaven und Tagelöhner die **exomis**, eine Art kurzes Hemd, das die eine Schulter freiließ.

Als Schuhwerk war die Sandale am verbreitetsten, mit einer Sohle aus Leder, Holz oder Kork, die mit Nägeln beschlagen sein konnte, und einem oder mehreren Riemen, oft auch gebunden. Als Schuh auf dem Lande diente die Karbatine, ein geschlossener Lederschuh mit einfacher Sohle. Ferner gab es für beide Geschlechter die **krepis**, einen Riemenschuh zwischen Sandale und Halbschuh, der geschnürt wurde. Zur makedonischen Königstracht gehörten Schlaufenstiefel. Auch Reiter und Reisende pflegten Stiefel zu tragen, oft mit Schlaufen.

Die Perser dagegen trugen seit jeher Hosen, ein barbarisches Kleidungsstück in den Augen der Griechen. Persische Männer bedeckten den Kopf. Im Krieg waren sie ebenfalls mit weiten Hosen und faltigen Leibröcken bekleidet sowie einer weichen Mütze auf dem Kopf. Typisch persisch war eine Art Schnabelschuh auch für Männer.

Frau mit Chiton und Frauen mit einem Himation über dem Chiton und Kopftuch. Mann mit Himation über dem Chiton sowie Wanderstiefeln und Filzhut (pétasos), junger Mann mit Chiton

5. Rolle: Erkenne den richtigen Augenblick – Issos

Jedes Kind weiß heute, was „Issos“ bedeutet, aber ich schwöre bei den zwölf Göttern der Griechen, es war damals in meinen Ohren ein neues Wort. Issos, die Stadt an der syrischen Küste, sollte der Schauplatz einer großen Schlacht werden. Dareios selbst hatte sein riesiges Heer dorthin geführt und die Stadt besetzt, um Alexander zu begegnen. Ich war verwirrt und unsicher, wie vor jeder Schlacht. Ich bin wahrlich nicht zum Krieger geboren. Ich beneidete den König um seinen Gleichmut.

Alexander gähnte und strich sich das dichte mittelblonde Haar zurück, während ich ihm die Füße massierte und einsalbte. Er saß auf seinem Ruhebett im hinteren Teil des Königszelts, so ruhig, als befänden wir uns zu Hause in Pella.

„Du kannst jetzt gehen, Nikandros. Ich möchte ein paar Stunden schlafen.“

Ptolemaios mit der langen Nase, hager und knochig, schob mich zur Seite, als sei ich ein Nichts.

„Denk noch einmal darüber nach. Es wäre besser, den Feind in der Nacht zu überraschen“, dröhnte er mit seiner Feldherrnstimme.

„Hör auf damit. Ich will den Sieg nicht stehlen. Bei Tagesanbruch –“

Ich raffte meinen Kasten an mich und trollte mich, bevor Alexander irgendwelche unangenehmen Einfälle kommen konnten. Ich war nicht scharf auf einen weiteren Ehrenkranz auf meinem Kopf und auch nicht auf den Titel des tapfersten aller Sandalenbinder. Wie es in einer Schlacht zuging, wusste ich seit der Überquerung des Granikos, und das würde mir bis an mein Lebensende reichen, da war ich sicher.

Ptolemaios stürmte wenig später hinaus, mit wütendem Gesicht. Um mich herum schärften die Hopliten ihre Schwerter und Lanzenspitzen. Sie putzten die Metallplatten ihrer Panzer und fetteten die Scharniere. Pferde wieherten auf, und mit sorgenvollen Gesichtern schritten die Priester am Zelt des Königs vorbei. Ich setzte mich vor dem Eingang nieder und nagelte neue Sohlen und Absätze auf die Sandalen meines Herrn. Auch die Sporen saßen nicht mehr fest genug. Die Königspagen waren mit dem Zaumzeug für den Rappen Bukephalos beschäftigt. Nach den anstrengenden Ritten der letzten Tage war einiges auszubessern und zu putzen. Sie waren eingebildete Jungen aus den ersten Familien Makedoniens; die meisten behandelten mich wie Dreck. Der netteste von ihnen war Hermolaos, der Sohn des Sopolis. Manchmal unterhielt er sich sogar mit mir, dem Sandalenbinder.

Kallisthenes schritt vor dem Königszelt auf und ab. Er hatte morgens noch die königlichen Pagen unterrichtet und hatte jetzt nichts mehr zu tun.

„Der Ort heißt Issos", sagte Kallisthenes. „Und wenn du mich fragst –" Natürlich hatte ich gar nicht gefragt, „es sieht nicht gut aus, Schuhputzer." Ich hatte längst aufgehört, mich über seine Respektlosigkeit zu ärgern.

„Warum?"

„Weil der Fluss sehr ungünstig für unsere Truppen liegt." Offensichtlich dachte er schon wieder an die Sichelwagen. „Und weil sie so viele sind."

„Die Perser sind uns gegenüber immer in der Überzahl", mischte sich der junge Aristobulos ein. „Aber sie sind schlechter organisiert – und ihr König ist ein Feigling."

Ein Hypaspist blieb vor uns stehen. „Habt ihr gehört von dem Gemetzel, das Dareios an unseren Verwundeten angerichtet hat?"

Wir schwiegen bedrückt. Die Nachricht hatte uns gestern erreicht. Dareios war mit seinem Heer in großem Bogen den Unsrigen in den Rücken gefallen und hatte dabei in der Stadt Issos die zurückgelassenen Kranken und Verwundeten in die Hände bekommen. Sie waren misshandelt und getötet worden.

„Ich will euch etwas sagen, verkündet es dem König, den ich nicht stören darf: Man legt keinen Wert mehr auf den einfachen Soldaten. Sein Leben zählt nichts mehr. Wenn er krank oder verwundet ist, wird er dem Feind vorgeworfen."

Ich dankte den Göttern, diesmal forderte mich niemand auf, den König auf Itto zu begleiten, und so blieb ich mit den Dienern und dem Tross und einigen Wächtern im Lager zurück, als die Truppen aufbrachen. Der Rede des Königs hatte ich vor Aufregung kaum zuhören können, doch das Heer hatte er wie immer entflammt. Nie war ihr König ihnen so nahe wie in diesen Momenten vor der Schlacht. Schmeichelnd und lockend, lobte er sie dann als die Tapfersten, als Helden wie die Griechen vor Troja. Es waren immer die gleichen Wendungen und Worte. „Der Kairos[24] geht an euch vorbei, Männer! Ihr müsst ihn ergreifen!" – „Immer der Erste zu

24 Kairos – *jüngster Sohn des Zeus, Gottheit des richtigen Augenblicks*

sein und hervorzuragen vor andern." – „Die Perser sind Weichlinge, die Makedonen dagegen harte Kerle! Wir sind freie Männer, die auf der anderen Seite sind Sklavenseelen oder Söldner!"

Es war die Art, wie er das sagte, und das, was wir alle *pothos*[25] nannten, den glänzenden Blick Alexanders, wenn ihn die Sehnsucht packte, etwas Außergewöhnliches zu tun. Von allen Seiten traten Heerführer und einfache Soldaten zum Pferd des Königs und reichten Alexander die Hand. Die anderen schrien: „Führ uns jetzt in die Schlacht!" Einem Parmenion wären die Soldaten niemals mit so viel Begeisterung gefolgt. Er sprach so, wie er war, zögernd, jedes seiner Worte bedenkend.

Das Heer brach mitten in der Nacht auf, um im Morgengrauen das persische anzugreifen. Schweren Herzens legte ich mich schlafen. Vor Aufregung wälzte ich mich lange Stunden auf meinem Lager.

Schließlich schlief ich ein, so tief, dass mich erst spät die helle Sonne weckte. Da war wieder das Brausen in der Luft vom Toben der Schlacht. Obwohl die Kämpfe weit entfernt waren, hörte man das unheimliche Geräusch.

Im Laufe des Tages kehrten Verwundete zurück und berichteten vom Stand der Kämpfe. Es waren gute Nachrichten. Die Unsrigen brachten dem persischen Heer schwere Verluste bei. Der Großkönig Dareios war mit seinem Wagen über die Leichen und Verwundeten auf und davon gefahren. Dies hatte viele seiner Soldaten dazu gebracht, ebenfalls zu flüch-

25 pothos – *Verlangen, Sehnsucht*

ten. Alexander hatte mit einigen Begleitern die Verfolgung des flüchtigen Perserkönigs aufgenommen.
„Was ist das?", fragte ich und deutete auf einen Zug aus vier aneinandergebundenen Ochsenwagen, über die mit Seilen verbundene Bretter gelegt waren, auf denen sich ein prächtiges Zelt befand.
Schwankend bewegten sich die Wagen mit der farbenprächtigen Last über die Lagerstraße.
„Das sind die Kinder und die Frau des Großkönigs", grinste einer der Kämpfer, der sich auf dem Verbandplatz seine Wunde im Oberarm verbinden ließ. Trotz des Schmerzes freute er sich angesichts der exklusiven Beute.
„Die ganze Familie?", fragte ich zweifelnd.
„Nicht die ganze. Zwei Töchter, ein Sohn, die Frau und die Mutter."
„Beim Zeus! Es nimmt ja kein Ende."
„Ja, da staunst du. So etwas hat noch kein Grieche aus der Nähe gesehen."
Diesmal näherten sich drei Ochsenwagen nebeneinander. Sie trugen ein noch gewaltigeres Zelt aus Stoff mit silbernen und goldenen Streifen. Es konnte nur das Zelt des Königs der Könige sein. Ich bekam einen Hustenanfall vor Aufregung.
„Du gehörst zu denen, die es betreten werden." Der Makedonenkrieger rieb sich den Arm, offensichtlich freute ihn die Aussicht, einen zu kennen, der in den erbeuteten Herrlichkeiten ein und aus gehen durfte.
„Ich glaube nicht, dass unser König ein solch prunkvolles

Zelt bewohnen möchte“, sagte ich und war mir ganz sicher. „Er wird es fortschaffen und andere darin wohnen lassen.“

„Ach, Schuhputzer“, ließ sich Kallisthenes vernehmen. „Du verstehst nichts von hoher Politik. Du siehst immer nur die Sohlen der Sandalen auf deinem Arbeitsbrett. Weiter reicht dein Blick nicht. Das da,“ er deutete auf die Wagen mit dem riesigen Aufbau aus kostbaren Stoffen und mehreren überlebensgroßen Türen, der an einen Göttertempel erinnerte, „ist die Wohnung des persischen

Großkönigs. Nachdem Dareios feige geflüchtet ist, hat dieses Land einen neuen Herrn – unseren König. Warte ab, was passiert. Im richtigen Moment das Richtige tun – das versteht keiner so gut wie Alexander."

Die Perser – ein Volk von Barbaren?

Für griechische Gebildete und Gelehrte wie Isokrates und Aristoteles waren die Bewohner des Perserreichs ausnahmslos „Barbaren", Menschen zweiter Klasse, zu Sklaven geboren, gegen die jeder Gewaltakt gerechtfertigt war. „Barbaren" nannten die Griechen seit jeher die Völker, die nicht Griechisch sprachen, sondern unverständliches „Brabrabra" – alle, außer sich selbst, den Hellenoi. Die Griechen hatten keine genauen Vorstellungen von der Ausdehnung des persischen Gebiets und gaben sich Klischeevorstellungen über orientalische Grausamkeit, Hinterlist und Sklavennatur hin. Eine gewisse Hochachtung hatten sie lediglich vor der Hochkultur Ägyptens. Schon früh hatten sie die Überlegenheit ägyptischer Sternenkunde und Mathematik kennengelernt – zwischen Ägypten und den zur See fahrenden Griechen gab es lebhafte Handelskontakte.

Das Bild der Griechen von den Persern hatte jedoch mit der Wirklichkeit nicht viel zu tun. Vielmehr handelte es sich um ein gut organisiertes und umsichtig regiertes Reich. Die moderne Forschung hat inzwischen festgestellt, dass die persischen Könige seit Kyros II. (ca. 559–529 v. Chr.) bei der Verwaltung des riesigen Territoriums großzügig in allen Bereichen verfuhren und religiöse Toleranz übten. Auch die nationalen Eigenheiten der verschiedenen Untertanen wurden respektiert. Nicht einmal die Besteuerung wurde als Druck empfunden. Dies gilt im Übrigen auch für die griechischen Städte an der kleinasiatischen Küste, die dem Perserkönig zwar Tribut zahlen mussten, jedoch ihre Selbstverwaltung behielten und eigene Münzen prägten, im Falle der Hafenstadt Kyzikos am Marmarameer sogar eine der bedeutendsten Goldwährungen der Antike.

Die Verwaltung in Persien war vorbildhaft, so etwa die königlichen Poststationen und das Nachrichtensystem, die Straßen. „Die Königsstraße" war die Hauptstrecke. Diese 2 500 Kilometer lange Strecke verfügte über 111 Poststationen und verlief von Susa, der Winterresidenz der Perser, bis nach Sardes, dem Verwaltungszentrum im Westen. Berittene Eilboten benötigten für diese Entfernung fünf bis sieben Tage, normale Fußgänger drei Monate. Die Perser verfügten auch über eine hoch entwickelte Pferdezucht und eine hohe Reitkultur.

Im Zuge der Eroberung des riesigen Reiches griff Alexander immer mehr auf Perser und persische Einrichtungen zurück, um das erkämpfte Gebiet effektiv verwalten zu können.

Persischer Würdenträger in persischen Hosen und Kyrbasia-Mütze (Kleidung eines Reisenden). Silberstatuette vom Hof des Artaxerxes, 5. Jh. v. Chr.

6. Rolle: Nichts im Übermaß – Der Brief des Großkönigs

Monate waren ins Land gegangen, in denen das makedonische Heer weiterzog von Stadt zu Stadt, von Landschaft zu Landschaft. Wir hatten ohne Schwierigkeiten Tripolis, Byblos, Beirut und Sidon erobert, die Hafenstadt Tyros war nach achtmonatiger Belagerung und unter unendlichen Mühen schließlich eingenommen worden. In Damaskus hatte eine Abteilung, die Parmenion führte, die dort gelagerten Schätze des Perserkönigs erobert. Für die nächste Zeit war mein König alle Geldsorgen los. Von einem Tag auf den anderen war die Verpflegung für uns alle besser geworden. Es gab nun öfter ganzen Fisch statt der gekochten Fischköpfe in der Suppe.

Eines Tages meldeten die Leibwächter eine persische Gesandtschaft. Ich war gerade damit beschäftigt, Alexander neue Schuhe anzupassen. Einige Hipparchen[26], Hephaistion und Krateros saßen über Landkarten gebeugt. Auch Parmenion war da, um Bericht zu erstatten.

26 **Hipparch** – *Führer der Reiterei*

„Lasst sie herein, nehmt ihnen die Waffen ab“, befahl Alexander.
Den Gesandten waren die Mühen der langen Reise anzusehen. Ihre langen Hosen und spitzen Stiefel waren staubbedeckt. Schweigend traten sie ein und warfen sich einer nach dem anderen vor Alexander nieder. Ihre Stirn berührte den Boden. Dann erhob sich einer zu einer kauernden Haltung und las mit leiernder Stimme einen persischen Text herunter. Natürlich verstand ihn niemand.

Der Sekretär Eumenes nahm eine Rolle zur Hand und las langsam die griechische Fassung des zweisprachigen Schreibens vor. Fast atemlos lauschten die Männer im Zelt. Alle waren sie aufgestanden, als könnten sie so dem Wortlaut besser folgen. Nur Alexander saß auf seinem Ruhebett, während die Gesandten immer noch vor ihm knieten. Ich ließ den Fuß des Königs los, die Sandale, die ich eben noch gehalten hatte, rutschte zu Boden. Niemand achtete auf meine Wenigkeit.
Es war das zweite Friedensangebot, das Dareios an Alexan-

der richtete – das erste hatte Alexander rundweg abgelehnt. Doch dieses hier klang weit besser: Zehntausend Talente[27] war Dareios bereit, als Lösegeld für seine Familie an Alexander zu senden. Alle Länder diesseits des Euphrat solle Alexander behalten, sich mit einer von Dareios' Töchtern vermählen und von nun an sein Freund und Bundesgenosse sein.

Die Männer im Zelt sahen sich an und einige lächelten befreit. Das Ende aller Unbequemlichkeiten und Nöte des Krieges war da. Dieser Brief bot ehrenvollen Frieden für beide Seiten. Keiner sprach ein Wort, alle warteten sie auf die Reaktion des Königs der Makedonen. Die Gesandten am Boden hatten die Augen zu ihm erhoben.

„Dareios hat das Herz eines Hasen", stellte Alexander fest. Selten hatte ich ihn so heiter gesehen. „Er ist geflohen. Wir müssen ihm die richtige Antwort geben."

„Herr", begann Parmenion. „*Medén ágan* – nichts im Übermaß. Nehmt das Angebot einfach an. Wenn ich Alexander wäre –"

„Wenn ich Parmenion wäre, würde ich auch annehmen."

Die Umstehenden bogen sich vor Lachen

27 Talent – *altgriechische Währung, Recheneinheit von 60 Minen oder 6 000 Drachmen – ein sehr hoher Wert, meist in Zusammenhang mit Staatsschatz u. Ä. erwähnt*

über Alexanders Antwort an den würdigen alten Herrn, der so viele Bedenken hatte. Es waren immer die gleichen Gespräche zwischen dem alten General und dem jungen König. Parmenion riet zur Mäßigung, Alexander machte ihn lächerlich. Manchmal fing Parmenion so an: „Herr, euer Vater Philipp hätte –" Aber damit konnte er Alexander schon gar nicht kommen. Er wollte nicht mit seinem Vater verglichen werden. Er fand, er hätte es längst viel weiter gebracht.
„Vor Dareios müssen wir uns nicht mehr fürchten. Er hat den Namen Großkönig nicht verdient", sagte Hephaistion. „Er verkriecht sich vor uns."
Alexander ließ sich auf sein Ruhebett fallen, mit den Augen winkte er Eumenes herbei und diktierte mit lauter Stimme, ohne langes Überlegen die Antwort an Dareios.

Eure Vorfahren sind in Makedonien und das übrige Griechenland eingebrochen und haben uns Böses getan, ohne von uns vorher gekränkt worden zu sein. Ich aber bin als anerkannter Führer der Griechen nach Asien hinübergegangen, um Rache an euch zu nehmen, da ihr mit dem Unrecht angefangen habt . . . Mein Vater ist meuchlings ermordet von Leuten, die ihr angestiftet habt. Du hast dir die Herrschaft nicht rechtmäßig und nach persischem Brauch, sondern nach schwerem Rechtsbruch gegenüber den Persern angeeignet. Und hast über mich feindliche Briefe an die Griechen gerichtet, um sie zum Krieg gegen mich aufzuhetzen. Den Spartanern und anderen griechischen Staaten hast du Geld gesandt, das nur die Spartaner angenommen ha-

ben. Und deine Gesandten haben meine Freunde bestochen...
Da bin ich dann gegen dich zu Felde gezogen, da du mit dem Streit begonnen hast. Wo ich in der Schlacht zuerst deine Feldherrn und Satrapen, jetzt aber dich und deine Truppen besiegt habe, habe ich dank den Göttern auch dein Land in Besitz.
Da ich nun Herr von ganz Asien bin, komm du gefälligst zu mir! Wenn du dich aber scheust zu kommen, aus Angst, etwas Böses zu erleiden, dann sende deine Freunde.

Er schwieg, und Eumenes sah zu ihm auf: „Was noch, Herr?" Alexander sprach weiter:

„Und künftig hast du, wenn du wieder an mich schreibst, an mich als König von Asien zu schreiben, nicht auf gleichem Fuß mit mir zu verkehren. Du hast mit mir als dem Herrn deines ganzen Daseins zu sprechen, wenn du etwas wünschst. Sonst werde ich über dich als Beleidiger meiner Person beschließen.
Solltest du mir aber noch die Königsherrschaft streitig machen, dann erwarte mich noch einmal zum Kampf um sie, und reiß nicht aus! Denn ich werde gegen dich marschieren, wo du auch sein magst."

Die Männer im Zelt schwiegen, als Alexander geendet hatte; mit bedrückten Gesichtern vermieden sie es, einander anzusehen. Ich kauerte immer noch auf dem Boden; meine Erleichterung war wie weggeblasen.

Es würde keinen Frieden geben. Alexander würde den Feldzug nicht beenden. Er fand zu viel Gefallen daran, als der unbesiegbare Feldherr Gebiet auf Gebiet zu erobern. Einmal mehr sah ich meinen Wunsch, das Feldlager, Krieg, Blut und Tod hinter mir zu lassen und nach Hause zurückzukehren, in weite Ferne gerückt.

„Nichts im Übermaß", murmelte ich, die alte Weisheit der Griechen wiederholend, und schlug mir sofort auf den Mund. Es war einer dieser Sprüche aus vergangenen Zeiten, die Alexander nicht mehr hören wollte. Wir lebten schließlich in einer neuen Zeit.

Die persischen Gegner

Dareios III. (380–330 v. Chr.), eigentlich „Dareios Kodomannos", wurde 336 v. Chr. zum Großkönig erhoben, nach der Ermordung seiner beiden Vorgänger. Er stand Alexander mit einem zahlenmäßig unerschöpflichen Heer gegenüber, das sich jedoch aus den Truppen der verschiedenen Landesteile zusammensetzte und unterschiedliche Sprachen sprach. Den Kern des Heeres bildeten die Elitesoldaten, die 10 000 „Unsterblichen", deren Zahl immer gleich blieb. Der Bogen war die Hauptwaffe der Perser. Jeder Angriff begann mit einem Pfeilhagel vor dem Ansturm der Reiterei.

Dareios III. auf dem Mosaik „Die Alexanderschlacht" (Schlacht bei Issos, 333 v.Chr.). Römisches Mosaik

Dareios wurde 333 v. Chr. bei Issos und am 1. Oktober 331 v. Chr. bei Gaugamela von Alexanders Heer vernichtend geschlagen und nach beiden Schlachten zur Flucht gezwungen. Sein Prestige wurde dadurch schwer beschädigt. Persönliche Tapferkeit war ein hohes Ideal der persischen Kämpfer. Dareios war gemessen an seinem Gegner Alexander die schwächere Persönlichkeit, ein Mann ohne Charisma.

Seine Friedensangebote an Alexander fanden kein Gehör. Schließlich wurde er von seinen eigenen Satrapen (Statthalter von Provinzen) gefangen genommen, die es angesichts der aussichtslosen Lage für zukunftsweisender hielten, sich mit Alexander zu arrangieren. Der Satrap Bessos von Baktrien-Sogdiane tötete Dareios schließlich und trat selbst als Artaxerxes die Herrschaft an. Alexander ließ ihn im Jahr 329 v. Chr. wegen des Mordes hinrichten. Bedacht darauf, in Persien als Dareios' rechtmäßiger Nachfolger zu amtieren, ließ Alexander die Leiche königlich bestatten und ehrte die ihm in die Hände gefallene Familie des Königs. Später heiratete er eine von Dareios' Töchtern und verheiratete die andere mit seinem Freund Hephaistion.

Das Königreich Persien war in Satrapien unterteilt, die von Satrapen geleitet wurden. Bedingt durch die großen Entfernungen von den Residenzen des Großkönigs in Susa, Pasargadai und Persepolis konnten sie recht unabhängig regieren. Nach der Niederlage ihres Großkönigs gingen die meisten Satrapen auf die Seite Alexanders über und erkannten ihn als neuen Herrn an. Viele von ihnen beließ Alexander daraufhin in ihren Ämtern.

Alexanders Traum: ein hellenistisches Weltreich

War Alexander schon mit der Absicht, das gesamte Perserreich zu unterwerfen, über den Hellespont gezogen? Wir wissen es nicht. Als Dareios das berühmt gewordene Teilungsangebot machte, riet Parmenion, der erfahrene alte Kämpfer, zur Annahme. Er sah die Risiken und Mühsal weiterer Feldzüge realistisch voraus. Alexander aber legte neue Maßstäbe an sich und seine Truppen. Schon den Zeitgenossen und Begleitern seines Feldzugs waren seine Motive dabei nicht klar. Deshalb griffen sie zu der Formulierung „und es packte ihn der **pothos**, dies oder das zu tun". Mit **pothos** (Verlangen, Sehnsucht) versuchten sie, die innere Antriebskraft zu umschreiben, aus der heraus Alexander immer wieder gegen vernünftige Einwände unersättlich weitereroberte.
Er ging dabei sehr überlegt vor. Um vorher nie Gewagtes zu erreichen, bediente er sich der technischen Möglichkeiten seiner Zeit. Er arbeitete mit Abschreckungsmaßnahmen wie der Zerstörung ganzer Städte – Theben, Halikarnass, Tyros. Er ging rücksichtslos gegen jede Illoyalität vor. Er benutzte seine Truppen als Menschenmaterial, um seine Ziele zu erreichen. Er kannte das Instrumentarium der Macht und benutzte es virtuos.
Ein Menschentyp wie Alexander allerdings war die Idealvorstellung zahlreicher Griechen zu seiner Zeit. Sie waren mit den Heldendichtungen Homers erzogen worden. Der Wettkampf-Gedanke durchzog alle Gebiete des griechischen Lebens.

Künstler, Sportler und Feldherren, in gewisser Weise sogar Philosophen wetteiferten miteinander.

Etwa ab dem Datum der Schlacht von Issos, als Alexander zunehmend in Amt und Funktionen seines Vorgängers Dareios hineinwuchs, sehen wir ihn sich um das Wohl der neuen Untertanen bemühen, auf dem Weg zu so etwas wie einem multikulturellen Staatswesen. Dies war nicht nur plötzlich ausgebrochene Weisheit, sondern die schlichte Notwendigkeit, sofern er das Riesenreich nutzen und halten wollte.

Von Anwandlungen, die neuen Untertanen auszubeuten und zu demütigen, waren weder Alexander noch die von ihm ernannten Satrapen und Befehlshaber frei. Fast überall kam es zu beschämenden Übergriffen gegen die Bevölkerung und Willkürakten, die Alexander dann in einer späteren Phase energisch bestrafte. Er selbst ließ die Palastanlagen von Persepolis in betrunkenem Zustand anzünden. Es entstand ein verheerender und völlig überflüssiger Großbrand.

Alexander der Große auf dem Mosaik „Die Alexanderschlacht"

7. Rolle: Du brauchst einen festen Ort, um große Dinge zu vollbringen – Eine neue Stadt

Bald darauf befanden wir uns im ehrwürdigen alten Ägypten, das ebenfalls zum Herrschaftsgebiet der Perser gehörte. Bei unserer Ankunft wurde Alexander überall willkommen geheißen, brachte er doch die Befreiung vom Joch der Perser, vor allem von dem Tribut, den das reiche Kornland zu zahlen hatte. Der König machte den heiligen Apis-Stieren [28] in ihren Ställen in Memphis einen Besuch und inspizierte zu Schiff das Land, das man vom Nil aus am besten kennenlernt. Krokodile lagen faul ausgestreckt am Ufer. Reiher stakten durch das bewässerte schwarze Land neben dem

28 Apis-Stier – *göttlicher Stier mit einer bestimmten Fellzeichnung, lebte in Memphis mit Mutterkuh und Harem*

breiten Fluss, in dem smaragdgrün das Gemüse spross.
Ägypten ist ein von den Göttern gesegnetes Land.
Unsere Schiffe hatten endlich das Schilfland im Mündungsgebiet des Nil verlassen. Eine frische Brise wehte uns vom Meer her entgegen, als wir nun langsam die Küste entlangsegelten.
Froh, der Stechmückenplage entkommen zu sein, verzehrten wir die eingelegten Fischhappen und Brot, das Mittagessen, das der Küchenmeister uns reichen ließ.
Der König stand in seiner silbernen Rüstung vorne neben dem Steuermann und Hephaistion. Ich konnte nicht verstehen, worüber sie miteinander sprachen. Plötzlich erhob Alexander den Arm. Es war das Zeichen, an Land zu gehen. Die Matrosen ließen den Anker fallen, und Alexander kletterte als Erster in das kleine Beiboot, das herabgelassen wurde. Hephaistion und die Leibwächter schlossen sich ihm an. Ich begab mich mit Kallisthenes, Ptolemaios und Stroibos und den Pagen in das nächste Boot, um möglichst rasch meinem Herrn ans Ufer zu folgen, das er schon fast erreicht hatte.
„Ich möchte nur wissen, was Alexander an dieser unbewohnten Stelle sucht", überlegte Kallisthenes laut. In Wirklichkeit ärgerte er sich über die Unterbrechung seines Mittagsmahls, nach dem er für gewöhnlich ein Schläfchen hielt.
„Vielleicht können wir hier baden", schlug Stroibos vor.
Weiße Sanddünen glänzten vor uns in der Mittagssonne. Der feine helle Sand, auf den wir traten, war so heiß, dass wir hastig wieder die Sandalen anlegten, die wir uns vor dem Aussteigen um den Hals gehängt hatten.

„Sklaven denken immer nur ans Vergnügen“, knurrte Ptolemaios. „Hier geht es um ganz andere Dinge.“
Auch ich war neugierig, was geschehen würde. Vielleicht erwartete der König eine Gesandtschaft aus dem Landesinneren. Inzwischen waren mit dem dritten Beiboot auch die Priester und Seher eingetroffen. Die Blicke zum Himmel erhoben und mit über die Knie hochgezogenen Gewändern, wateten sie durch das flache Wasser. Wie große Wasservögel stelzten sie dann am Ufer entlang, blieben ab und zu stehen, warfen einander bedeutungsvolle Blicke zu und schließlich trat der alte Aristander vor den König. Ein Schwarm Schwalben flog gerade über uns hinweg, noch ein Stück weiter zog eine Formation Kraniche mit schrillem Trompeten hinüber zu der silbrig glänzenden Fläche eines Lagunensees.
„Hier ist der rechte Ort. Hier haben die Götter ein glückverheißendes Land geschaffen, das auf deine Ankunft gewartet hat, Alexander. Alle Zeichen sind gut für die Errichtung einer Stadt. Warten wir jetzt noch den Ausgang der Tieropfer ab, wie es sich gebührt.“
Die Begeisterung der Umstehenden packte auch mich. Eine neue Stadt, in der Läden, Häuser und Straßen entstehen würden. Hier war der Ort, wo ich vielleicht einmal eine Werkstatt aufbauen könnte wie mein Großvater Nikolaos, der Stiefel für die Truppen des Königs gefertigt hatte. „Du brauchst einen festen Ort, wenn du große Dinge vollbringen willst, Enkel. Merk dir das“, hatte er zu mir gesagt, wenn ich nach den Lederstückchen griff, die im Verkaufsgewölbe für die Kundschaft auslagen.

Hinter uns brüllten bereits die Opfertiere auf, die, prächtig geschmückt, von den Opferdienern herangeführt wurden: Der schwarze Stier für Poseidon, um dessen breite Brust grüne und blaue Wollbänder gebunden waren, der weiße für Zeus mit roten und goldenen Verzierungen, blökende Lämmer, und für Aphrodite flatterten weiße Tauben in ihren Käfigen.

Wir reinigten uns alle kurz im Meerwasser, um am Opfer teilnehmen zu können. Auch die Besatzung der anderen Schiffe, die Soldaten und der Tross, trafen allmählich ein, sodass sich der Strand, der eben noch menschenleer gewesen war, immer mehr füllte. Unter Gesang, Händeklatschen und Flötenklang wurden die Opfer vollzogen. Die Priester beugten sich über die Eingeweide der geschlachteten Tiere, während wir alle die Hälse reckten, um besser zu sehen. Ich blickte hinüber zu Alexander. Seine Halsader trat deutlich hervor, wie immer, wenn er angespannt war. Doch die Priester lächelten breit in die Runde. Wieder trat der Seher Aristander vor den König.

„Dieser Stadt winkt das äußerste Glück. Du kannst mit den königlichen Handlungen beginnen."

„Das äußerste Glück, hört euch das an", schnaufte Kallisthenes auf. Momente wie dieser rührten ihn zutiefst.

Mit den Leibwächtern und Aristander ging Alexander jetzt höher hinauf auf die breite Ebene zwischen dem Meer und dem See im Hintergrund. Hier oben war der Untergrund wieder die schwarze Erde, die der Nil über Jahrhunderte angeschwemmt hat.

„Wo ist Deinokrates?" Der König sah sich um. Aber der emsige Architekt, ein quirliges klein gewachsenes Männchen, war schon damit beschäftigt, zwei Soldaten zu uns zu dirigieren, die ein Fass heranrollten.

Ich hatte ihn bei der Belagerung von Tyros kennengelernt, als er im Feldherrnzelt Vorschläge machte, die Mauern der Stadt von unten her anzugraben und einen Tunnel auszuheben.

„Was willst du mit dem Fass?“, fragte Kallisthenes, der ebenfalls herbeigeeilt war, gefolgt von Stroibos mit der unvermeidlichen Papyrusrolle und seinem Schreibzeug am Gürtel.

Unbeirrt öffnete Deinokrates den Deckel, fasste hinein und begann, mit der Hand Mehl auf dem Boden auszustreuen. Blitzschnell zeichnete er auf diese Weise einen Kreisbogen, der aussah wie eine Chlamys.[29]

Einige der Männer klatschten, als sie begriffen, was Deinokrates so schnell gezaubert hatte – es war der Umriss der neuen Stadt in der Form des makedonischen Kriegsmantels.

„Schau dir den an“, Stroibos stieß mich in die Seite.

„Deinokrates? Warum?“

„Kannst du ihn dir nackt vorstellen?“

„Ich weiß nicht.“

„Er ist nackt vor den König hingetreten, nur ein Löwenfell über der Schulter und eine Keule in der Hand“, zischte Stroibos wichtigtuerisch.

„Als Gott Herakles verkleidet?“

„Mit diesem Trick fand er Einlass bei unserem König, damals, noch in Griechenland. Kein Mensch kannte Deinokrates zu dieser Zeit. Und dann hat er seine Rolle hervorgezogen, die er in der Keule verborgen hatte –“

„Gute Idee.“

„Sein Plan war, aus dem Berg Athos auf der Chalkidike eine

29 **Chlamys** – *kurzer Männermantel*

riesige Statue Alexanders herauszuschlagen. Mit dem einen Arm sollte er eine Stadt umschließen. Eine richtige Stadt mit allem, was dazugehört –“
„Etwas übertrieben.“
„Aber so ist Deinokrates. Mit Kleinigkeiten gibt er sich nicht ab. Es muss immer etwas Verrücktes sein.“
„Und hat sich Alexander darauf eingelassen?“
„Er hat abgelehnt. An dieser Stelle sei eine solche Stadt nicht sinnvoll. Unser König will auch immer das Größte, aber er hat mehr Verstand als dieser Verrückte.“ Respektlos wies Stroibos mit dem Finger auf den Architekten.
Während alle noch auf den Grundriss der Stadt schauten, hörten wir Vogelschreie über uns und sahen erstaunt hoch. Der Himmel über uns war erfüllt von einem Schwarm Vögel, der wie eine riesige Wolke vom Nil und dem See her zu dem Platz flog, auf dem wir standen. Alle wichen zurück, als die Wasservögel sich auf den Boden stürzten und das Mehl aufpickten. In kürzester Zeit war das Mehl völlig verschwunden. Flügelschlagend stiegen die Vögel wieder auf und flogen dem Meer zu.
Alexander war blass geworden. „Es ist ein Vorzeichen“, sagte er.
„Ja, König, das ist es.“ Aristander war kein Schrecken anzumerken.
„Sie wird verschwinden, als sei sie nie gewesen“, stammelte Alexander.
„Höre, König. Die Stadt, die du bauen willst, wird die reichste und wohlhabendste in deinem Reich sein, und sie wird

Menschen aus vielerlei Völkern ernähren.“ Jetzt strahlte Aristander breit über seine eigene Deutung.

Ich war erleichtert, mir gefiel der etwas erhöht liegende felsige Platz zwischen dem See und dem Meer außerordentlich gut. Vielleicht würde ich hier eines Tages Sandalen herstellen und sie an die Bewohner der neuen Stadt verkaufen, irgendwann wenn ich den Kriegen hoffentlich gesund entkommen war.

„Oh ihr Götter“, betete ich leise, „lasst mich noch einmal hierher zurückkehren.“

Städtegründungen Alexanders

Alexander gründete während seiner Feldzüge zahlreiche Städte. Die erste war Alexandreia in Ägypten. Auch die folgenden Städte wurden alle Alexandreia genannt, oft mit Zusatznamen wie Alexandreia Nikaia („Siegesstadt") oder Alexandreia Bukephala an der Stelle, wo des Königs treues Lieblingspferd Bukephalos verendet war. Darüber hinaus gründete er Militärkolonien.

Viele dieser Städte lagen an wichtigen Straßen oder waren wegen ihrer Häfen gegründet worden als Etappenstationen für den riesigen Bedarf an Nachschub für das immer größer werdende Heer.

Die bedeutendste Stadtgründung Alexanders war zweifellos das Alexandreia (oder Alexandria) in Ägypten. Alexander gründete die Stadt 331 v. Chr.; nach seinem Tod wurde er hier begraben. Der Anlass für die Gründung von Alexandria mit der günstigen Hafensituation war wohl der Ausfall der Hafenstadt Tyros, die Alexander kurz zuvor komplett zerstört hatte.

Alexander sollte die erste von ihm gegründete Stadt zu Lebzeiten nicht wiedersehen. Dennoch nahm sie in den folgenden Jahrzehnten einen erstaunlichen Aufschwung und entwickelte sich zu einer blühenden Handelsstadt, in der sich ein buntes Völkergemisch niederließ: Griechen, Ägypter, Juden, Syrer. In der östlichen Vorstadt befanden sich ein Amphitheater und das Hippodrom (die Pferderennbahn). Wahrzeichen der Stadt war der Leuchtturm auf der vorgelagerten Insel Pharos. Von Sostratos aus Knidos in der Zeit Ptolemaios II. erbaut, galt er als Weltwunder. Von der Insel führte eine durch Brücken unterbrochene Mole, das Heptastadion, zum Land. Zu ihren Seiten lagen die beiden Häfen. Außerdem gab es den am Mareotissee gelegenen Binnenhafen, von dem ein Kanal zum Hafen Eunostos führte.

Bereits unter Ptolemaios I. (Satrap ab 323, König von 305–283/82 v. Chr.) wurde Alexandria zur Hauptstadt Ägyptens erhoben. Ihren weiteren Aufschwung verdankte sie zunächst Ptolemaios II. Philadelphos (König von 285–246 v. Chr.). Unter seiner Herrschaft erblühte auch die legendäre Bibliothek der Stadt mit bereits 400 000 Papyrusrollen. Zur Zeit Julius Caesars, kurz vor ihrem Brand (47 v. Chr.), soll der Bestand 700 000 betragen haben.

Allerdings war die Stadt häufigen Erdbeben ausgesetzt, die heftige Überflutungen einzelner Stadtviertel bewirkten. Schon in der Antike versanken Teile der Palastanlagen der Ptolemäerkönige im Meer.

Der Turm von Pharos.
Holzschnitt nach einer Rekonstruktionszeichnung

Alexander und Ägypten

Als das Heer Alexanders von der phönizischen Küste kommend in Ägypten einzog, gehörte Ägypten seit zehn Jahren wieder zum Reich des Perserkönigs. Allerdings war die persische Herrschaft unbeliebt bei der Bevölkerung. Artaxerxes III., der Vorgänger des Dareios, hatte die Religion der Ägypter missachtet. Als der persische Satrap nun Alexander die Provinz freiwillig übergab, begab sich Alexander nach Memphis, wo er dem Stiergott Apis opferte. Als Nächstes befahl er, die Heiligtümer in Karnak und Luxor wieder instand zu setzen. Die Priesterschicht des Landes war begeistert und inthronisierte Alexander zum Pharao.

Alexander der Große als Pharao, den Gott Amun grüßend.
Relief, Luxor, Amun-Tempel, 4. Jh. v. Chr.

Alexander legte die Verwaltung der beiden Landesteile Ober- und Unterägypten in verschiedene Hände. Für die Verwaltung der ägyptischen Belange und die Tempel waren zwei Ägypter zuständig, um das Verteidi-

gungswesen, Finanzen und Außenbeziehungen kümmerten sich Griechen und Makedonen.
Nach der Gründung der Stadt Alexandria unternahm Alexander einen langwierigen und mühsamen Zug zum Orakeltempel des Gottes Amun in der Oase Siwa. Der moderne, praktisch denkende Mensch versteht schwer, weshalb Alexander diese nicht notwendige Anstrengung unternahm, während sich im Osten die persischen Kräfte neu sammelten.
Doch für Alexander und seine Umgebung war es angebracht, das berühmte Orakel über die Zukunft des Feldzugs zu befragen. Bei seiner Ankunft am Tempel wurde der Makedone als „Sohn des Amun" begrüßt. Es war die übliche Formel, mit der die Pharaonen angeredet wurden. Die Griechen aber verstanden dies als die Behauptung, Alexander sei der Sohn von Zeus Ammon, ein Mensch, von Zeus mit einer Sterblichen, Olympias, gezeugt. Bald schon wurden abergläubische Geschichten verbreitet. Wie üblich bei einer Sensationsmeldung – sie wurde gern geglaubt: Der Göttervater habe sich Olympias in Gestalt einer Schlange genähert und Alexander gezeugt – einen wahrhaften Göttersohn.

8. Rolle: Die Hälfte seines Wertes nimmt der weit umblickende Zeus einem Mann, wenn ihn der Tag der Knechtschaft ergriffen hat – Der Fußfall vor dem König

Seit der Gründung von Alexandria in Ägypten waren vier Jahre vergangen. Inzwischen standen wir tief im Osten des Perserreichs, weiter, als ich es mir je hatte träumen lassen. Alexander hatte nur wenige Monate nach unserer Expedition nach Ägypten das Heer der Gegner in einer weiteren großen Schlacht bei Gaugamela besiegt. Der Perserkönig Dareios war wieder entkommen, doch dann hatte ihn Bessos, einer seiner eigenen Satrapen, ermordet. Sein Tod lag schon fast drei Jahre zurück.

Seitdem gab es kein Halten mehr. Wir waren in Babylon gewesen, dessen Satrap uns freundlich empfangen hatte. In den Palästen und Gärten dieser herrlichen Stadt, der größten, die ich bisher gesehen hatte, durften wir uns mehrere Monate lang erholen – der König, seine Freunde und Bedienten und das Heer.

Im Königspalast in Susa ließ Alexander die Familie des Dareios in ihrem Palast zurück, die unseren Feldzug bisher begleitet hatte, ohne dass wir viel von ihnen gesehen hatten. Nur der kleine Junge war manchmal zum Spielen auf die Lagerstraße hinausgekommen, behütet von seinen Eunuchen. Der kleine Kerl in seinen persischen Hosen tat uns allen leid, denn seine Mutter war unterwegs verstorben, vor Kummer, so wurde geflüstert.

Es ging weiter zu den Hauptstädten Persepolis und Pasargadai, dort wohnten wir in den prächtigen Residenzen der Perserkönige. Wenn er ausritt, trug Alexander jetzt persische Reitkleidung. Die persischen Stiefel mit ihren Goldbrokatverzierungen konnte ich ihm mit Mühe ausreden. Ich hatte sie mir genau angesehen – sie hatten gegenüber den makedonischen Schlaufenstiefeln keinen Vorteil. Leider ließ Alexander den schönsten Palast von Persepolis in Brand stecken – er war ganz aus Zedernholz errichtet. Parmenion wollte ihn davon abhalten. „Schau, er gehört doch jetzt dir!“, rief er. Alexander, wieder einmal betrunken, stieß ihn von sich. „Ich will die Perser bestrafen, weil sie Athen angezündet haben. Rache für Athen!“

In diesen Städten waren wir noch einmal auf unvorstellbare Schätze gestoßen. Der König hatte den Sold aller Soldaten und Bedienten erhöht und machte allen, die sich ausgezeichnet hatten, große Geschenke. Auch ich erhielt zwei silberne Becher mit Greifen und Fabelwesen am Rand. Einige Truppenführer ließen ihre Schuhe mit silbernen Nagelköpfen verzieren. Alle setzten wir etwas Speck an vom üppigen Wohlleben.

Jetzt befanden wir uns in den dichten Nadelwäldern der Berge von Baktrien[30], einem Gebiet mit klaren Bergbächen und viel Wild. Es ging darum, einige Burgen zu erobern, die uns immer noch Widerstand leisteten. Neuerdings war unser König auch verheiratet. Er hatte die Tochter eines der Gebirgs-

30 **Baktrien** – *fruchtbare Landschaft mit Goldvorkommen etwa auf dem Gebiet des heutigen Afghanistan*

fürsten geehelicht, nachdem er sie kurz gesehen hatte. Und nun reiste diese dunkelhaarige Roxane mit ihren Bedienten in insgesamt vier Zelten mit uns. Sie sprach kein Griechisch, weshalb Kallisthenes mit der Aufgabe betraut war, der schönen Prinzessin jeden Tag vor dem Mittagsmahl etwas Unterricht zu erteilen. Meistens kam er mit rotem Gesicht wieder aus ihrem Zelt gelaufen. Wenn sie genug hatte, warf Roxane ihm ihren Pantoffel ins Gesicht zum Zeichen, dass er entlassen war. Manche von diesen Barbaren waren wirklich unausstehlich.

Überhaupt hörte man in letzter Zeit viel Schimpfen. So mancher schien mit Alexanders Vorgehen nicht einverstanden. Die vielen Perser in unserem Heereslager missfielen den Männern.

„Möchte wissen, was die alle hier wollen", murmelte Stroibos missvergnügt.

„Wir brauchen sie", erklärte ich ihm. „Als Wegweiser, als Dolmetscher, als Köche."

„Der König hat zu Hephaistion gesagt, demnächst sollen

auch die Griechen und die Makedonen vor ihm niederknien und den Boden küssen." Stroibos, der mit Bimsstein eine vor sich ausgebreitete Papyrusrolle glättete, sprach, ohne aufzusehen.

„Woher willst du das wissen?"

„Ich habe gehört, wie sie darüber geredet haben."

„Halt dich raus aus Dingen, die einen Vorlesesklaven so wenig angehen wie einen Sandalenbinder." Mit der Zeit hatte ich ein feines Gespür dafür entwickelt, worüber man in der Umgebung des Königs besser schwieg. Stroibos und Kallisthenes führten immer wieder Reden, mit denen sie sich unbeliebt machten.

„Die Perser verehren den König alle mit der Proskynese[31], und sie verstehen nicht, warum die Griechen und Makedonen es nicht tun." Stroibos war nicht von seinem Thema abzubringen, und auch mich interessierte die Sache mehr, als ich zuzugeben wagte. „Pah, und einige Griechen und Makedonen haben bereits damit angefangen, sich vor Alexander in den Staub zu legen, stell dir das vor."

Ich schwieg verlegen, schon mehrfach hatte ich Freunde des Königs beobachtet, wie sie sich vor ihm zu Boden warfen.

31 **Proskynese** – *Fußfall vor dem Perserkönig*

„Wie die Hunde“, sagte Stroibos und spuckte aus.
Ein Schatten fiel über uns. Hermolaos war von der Jagd zurückgekehrt. Er war verschwitzt und sah zufrieden aus.
„Diesmal habe ich den Eber abgestochen. Das Pferd des Königs war gestrauchelt. Ohne mich hätte es ein Unglück gegeben. Er wird mir sehr dankbar sein.“
„Wenn du ihm das Leben gerettet hast –“
„Na ja, das Leben nicht gerade –“, wehrte Hermolaos ab.
„Vielleicht ernennt er dich jetzt zum Feldherrn“, sagte Stroibos, jedes Wort betonend.
„Worüber sprecht ihr wie zwei Verschwörer?“
„Über die Proskynese“, erklärte ich. „Sie soll für alle Untertanen des Königs eingeführt werden.“ 
„Was sagst du da?“ Hermolaos prustete vor Lachen. „Könnt ihr euch Kallisthenes vorstellen, wie er sich vor Alexander in den Staub wirft und ihm die Füße leckt?“
„Er soll ihm nicht die Füße lecken.“ Es missfiel mir, dass Hermolaos die Angelegenheit ins Lächerliche zog. „Er soll ihm seine Ehrerbietung erweisen, so wie es hier in Asien üblich ist. Es ist nur eine Höflichkeit. Die Perser tun es alle, selbst erwachsene Männer in hohen Ämtern, warum sollen sich die Griechen anders verhalten?“
Hermolaos packte mich bei den Schultern und schüttelte mich. Ich hasste ihn dafür, wie er mit mir umsprang.
„Hör auf! Ich bin ein freier Mann“, keuchte ich.

„Ein Sklave bist du!“ Wenigstens ließ er mich jetzt los. „Du hast nichts verstanden!“
„Was soll ich denn verstehen?“
„Wir sind Griechen – und sie sind Barbaren.“ Er sagte es drohend, so als sei ich ein Perser. „Die Hälfte seines Wertes nimmt der weit umblickende Zeus einem Mann, wenn ihn der Tag der Knechtschaft ergriffen hat! Nein, du gefällst mir gar nicht, Nikandros.“
Ich duckte mich unter seinen Worten wie unter einem Schlag. Es war mir immer wichtig gewesen, ihm zu gefallen. „Hier“, er streckte mir eine seiner Sandalen entgegen. „Der Riemen ist gerissen. Bring das in Ordnung, Sandalenbinder.“
Ich beruhigte mich, als ich das Arbeitsbrett vor mir aufbaute und die Lederstreifen aufeinandernietetete. Ich polierte noch die Ziernägel des eleganten Schuhs und empfand Zufriedenheit mit mir und der Welt. Hermolaos würde mich gleich wieder überschwänglich loben und sich für seinen dummen Zornausbruch entschuldigen. So aufbrausend, so ungerecht er war, ich bewunderte ihn unendlich. Er war noch jung, er versuchte eben, wie der von ihm verehrte Alexander zu sein. Alle taten das. Jeder trug den Mantel so wie er und runzelte die Stirn „auf Löwenart“. Doch keiner von all den jungen Adligen in der Umgebung des Herrschers, nicht einmal Hephaistion, imitierte Alexanders Gesten, Wutanfälle, seine Art, hoheitsvoll um sich zu sehen oder gedankenverloren zum Himmel zu schauen, so perfekt wie Hermolaos, der Sohn des Sopolis.
„Was machst du da?“

Wie immer, wenn Proxenos, der Hüter des königlichen Zeltes, mich ansprach, schrak ich zusammen und sah schuldbewusst auf.
„Ich wollte nur – äh, ich hatte Zeit und deshalb – Hermolaos...“
Missbilligend blickte der Hüter des königlichen Zeltes auf meine Arbeit.
„Du sollst dich nicht mit den Sandalen der königlichen Pagen abgeben. Das gehört nicht zu deinen Pflichten.“
„Ich werde es nicht wieder tun.“
„Die jungen Herrn haben dir keine Befehle zu erteilen – das wäre ja noch schöner. Auch Hermolaos nicht.“
Proxenos nahm die Sandale an sich und entfernte sich. Mir war, als hätte er mich geprügelt.
„Wo ist Hermolaos?“ Mit dröhnender Stimme stürmte der riesige Ptolemaios heran. Sein Jagdgewand war zerfetzt.
„Da drüben. Er ist zum Bach gegangen, um sich den Schweiß abzuwaschen.“
„Sehr gut.“ Ptolemaios grinste und ließ seine erstaunlich weißen großen Zähne sehen. „Ich schlage lieber einen Sauberen als einen Verschwitzten.“
„Schlagen? Hermolaos?“
„Er hat den Speer im Eifer vor dem König nach dem wilden Eber geworfen. Schon zum zweiten Mal. Diesmal gibt es keine Verzeihung. Der König ist sehr erzürnt.“
„Oh, Hermolaos verliert sein Pferd, wenn ich recht verstehe.“
Stroibos grinste. Ich weiß wirklich nicht, warum er sich so an Hermolaos' Missgeschick weidete.
„Der hübsche tapfere Hermolaos wird eine Zeit lang zu Fuß

unterwegs sein. Und sein Rücken wird ihm schmerzen. Befehl des Königs," knurrte Ptolemaios. Dann war er schon unterwegs. Die Äste krachten unter dem Gewicht seines Körpers, als er die Böschung zum Bach hinabstieg.
Ich stand erstarrt da. Gleich darauf hörten wir die klatschenden Schläge mit der Gerte auf dem Rücken des Pagen. Keine Schreie folgten, nur manchmal so etwas wie ein gedehntes Seufzen.
„Du magst ihn", sagte Stroibos. „So etwas merkt man, wenn man sich damit auskennt."
Sicher, ich mochte Hermolaos. Aber es war mehr als das. Alexanders Wutausbrüche wurden immer schlimmer. Oft waren sie völlig unberechtigt. Ich machte mir Sorgen um unseren König, der sich in den letzten Jahren hier im Land der Perser so sehr verändert hatte, dass er auch mir immer mehr wie ein persischer Großkönig vorkam.

Was Griechen und Makedonen nicht verstanden – Alexanders „Schwäche" für Persien

Je weiter Alexander nach Persien vordrang, desto größer wurde seine Begeisterung für die persische Kultur. Zu Beginn des Feldzugs hatte er sich über die „verweichlichten" Perser und ihren Luxus noch lustig gemacht. Doch dann schlief er selbst im Zelt des Großkönigs mit seinen Annehmlichkeiten, Trennwänden und Empfangsräumen und badete in der Wanne des Dareios, ließ sich von seinen Hofeunuchen bedienen und benutzte goldenes Luxusgeschirr. Als er im Jahr 327 v. Chr. dann Roxane heiratete, die Tochter eines baktrischen Adeligen, war er endgültig in Persien angekommen. Es war seine erste offizielle Ehe; sie muss die Herzen der makedonischen Getreuen verletzt haben. Warum ausgerechnet eine Barbarin, die kein Wort Griechisch sprach?

Alexander sah die Perser inzwischen nicht mehr als unwürdige Barbaren an. Die prächtigen Bauwerke, die effektive Verwaltung, der Prunk und die Schätze nahmen ihn für das Perserreich ein. Er trug die prächtigen Gewänder der Perser, integrierte persische Männer in seine Armee und seinen Verwaltungsstab. Das entfremdete ihm seine eigenen Männer, die sich hinter die früheren Feinde zurückgesetzt fühlten und das Vorgehen des Königs als ungerecht und respektlos gegenüber seinen Getreuen empfanden. Die meisten von ihnen legten keinen Wert darauf, mit der persischen Kultur in näheren Kontakt zu kommen.

Zu besonderer Aufregung führte die Proskynese, der Fußfall der Perser. Diese in Persien übliche Ehrerbietungsgeste bestand darin, dass man sich vor dem Regenten tief niederwarf und die Erde küsste. Die Griechen hatten sich schon immer über diese orientalische Unterwerfungsgeste belustigt und in ihr ein Zeichen der Tyrannei gesehen, zu der ein freier Grieche sich nicht herablassen durfte. Alexanders Beharren auf dieser Respektbezeigung führte zu heftigem Widerstand.

Doch Alexander ließ sich nicht beirren. 324 v. Chr. fand die Massenhochzeit in Susa statt. Nach einheimischem Ritus verheiratete sich Alexander mit Stateira, der ältesten Tochter des Dareios, und zudem mit Parysatis, der Tochter von dessen Vorgänger. Mit der Baktrierin Roxane war er ebenfalls noch verehelicht. Etwa 90 seiner engsten Gefolgsleute wurden mit vornehmen jungen Perserinnen verehelicht, während zugleich 10 000 Soldaten ebenfalls persische Frauen heirateten.

Die Hochzeit Alexanders des Großen mit Stateira, der Tochter des Dareios, in Susa 324 v.Chr. Holzstich, koloriert, nach dem Gemälde von Andreas Müller (1811–1890)

9. Rolle: Handeln ist Sache des Menschen, und wer handelt, leidet – Die Bestrafung der Pagen

Wir befanden uns immer noch in den Wäldern Baktriens. Hermolaos hatte sein Pferd noch nicht zurück und durfte nicht an den Jagden des Königs teilnehmen. Es wurde viel davon geredet, dass wir alle demnächst nach Indien ziehen würden. Eigentlich war niemand so recht begeistert über die Aussicht auf einen neuen großen Feldzug. Immer noch gab es Unruhe in den Grenzgebirgen. Die Welt war voller Feinde, die nicht bereit waren, Griechisch zu sprechen und Tribute an Alexander zu zahlen. War ihm das nicht bewusst? Statt auf die Jagd zu gehen, hätte unser Herr sich nur vor Roxanes Zelt stellen müssen, wenn Kallisthenes sich bemühte, der Gattin des Königs ein paar griechische Sätze beizubringen. Immer begann Roxane irgendwann, hysterisch zu schreien, Kallisthenes sprach begütigend auf sie ein, und schließlich verließ er hastig das Zelt, der Dolmetscher stolperte hinterher. Irgendein Gegenstand flog jedes Mal durch die Tür hinter den beiden her und traf einen, der gerade vorbeikam.

An diesem Abend war ein großes Gelage zu Ehren der Gesandtschaft eines der benachbarten Fürsten, die mit einem Friedensangebot zu unserem Lager gestoßen waren. Ich saß am untersten Tisch neben Proxenos, dem Zelthüter, und Eumenes, dem obersten Sekretär. Die beiden älteren Herren

gähnten verstohlen und schauten hinüber zu unserem König, der kein Zeichen von Müdigkeit erkennen ließ.

Der Dichter Choirilos, mit in die Stirn gerutschtem Efeukranz und so betrunken, dass er sich kaum aufrecht halten konnte, nahm einen zweiten Anlauf, um auf das Sängerpodest zu klettern. Ein Leibwächter hob ihn schließlich hinauf. Choirilos umklammerte seine Lyra und trug ein übertriebenes Loblied auf den König vor.

„Den Göttern gleich, ja größer als sie" war der Refrain, den einige mitgrölten.

Die Mundschenken eilten zwischen den Tischen hin und her und gossen eifrig Wein durch die silbernen Siebe in die Trinkschalen. Endlich erhob sich Alexander schwankend. Sofort sprangen auch Proxenos und Eumenes auf, und ich stolperte ebenfalls meinem König entgegen, der mit großen Schritten das Festzelt verlassen wollte.

Er war schon fast draußen, als die Syrerin, die Seherin, die den König seit einiger Zeit begleitete, sich ihm plötzlich in

den Weg stellte. Ihr Mund war leicht geöffnet, ihr langes schwarzes Haar flatterte im Nachtwind, und ihre Augen glänzten fiebrig. Niemand außer ihr hätte es in diesem Moment gewagt, den König aufzuhalten. Aber sie durfte es, denn sie war mit den Göttern verbunden. In der ersten Zeit, in der sie Alexander folgte, hatten alle über ihre wirren Worte gelacht. Doch bisher hatte sich jeder Rat, den sie gab, ausgezahlt. Sie witterte das Unglück wie ein Tier, sie spürte den Willen der Unsterblichen über uns mehr als der alt gewordene Aristander, deshalb tat Alexander nichts mehr gegen ihre Zustimmung.

„Geh zurück, großer König, und mach die Nacht zum Tag", befahl sie.

„Auch ein König braucht etwas Schlaf", scherzte Alexander.

„Nicht in dieser Nacht, Göttersohn. Lass dich nieder bei deinen Freunden, bis der Morgen graut."

Proxenos zupfte Eumenes am Arm. „Sieh doch", murmelte er. „Er fügt sich ihren Worten."

Und so war es. Der Blick Alexanders fiel auf uns. „Geht hinüber in eure Zelte und schlaft. Sei rechtzeitig wieder da, Nikandros, sonst trifft dich mein Zorn."

Dankbar entfernten wir uns.

Im Mondschein glänzten die vergoldeten Pfosten am Königszelt. Vor dem Eingang ging Hermolaos auf und ab. Sein Frettchen hüpfte an einem hohlen Baumstamm entlang, in dem es immer wieder verschwand. Ab und zu äugte es zu ihm hinüber. Sein Herr wälzte düstere Gedanken, und das kleine Tier spürte es. Frettchen sind da sehr empfindlich.

„Wo bleibt der König?"

Ich sah ihm sofort an, dass er sich ärgerte. Aber Alexander hielt sich an keine festen Zeiten, an keinem Ort, grundsätzlich nicht. Das hätte er wissen können. Die königlichen Pagen mussten für die Bedienung ihres Herrn so lange wach bleiben, wie es sich ergab. Das gehörte zu ihrem Dienst.

„Du bist anders als sonst."

„Quatsch", fuhr mich Hermolaos an. „Ich habe Kopfschmerzen, das ist alles. Warum kommt der König nicht?

Ist er nicht müde?"
„Er war schon auf dem Weg zum Zelt. Die Syrerin hat ihn aufgefordert, zurück zum Gelage zu gehen und weiterzutrinken."
„Dann hol du ihn. Er braucht seinen Schlaf."
„Er ist der König. Ich bin nur der Sandalenbinder."
„Die Syrerin ist eine Idiotin."
Dazu konnte ich nichts sagen.
„Möchtest du mein Frettchen haben?" Hermolaos sah mich gespannt an.
„Aber nein." Das unerwartete Angebot machte mich verlegen. Ich kam schnell auf die Syrerin zurück. „Bis jetzt waren ihre Ratschläge immer hilfreich."
„Der König der Makedonen sollte nicht auf den Rat einer syrischen Wahnsinnigen hören. Aber er hört immer auf die falschen Leute." Hermolaos trat mit dem Fuß nach einem Ast.
„Sei still, Hermolaos. Du verdirbst dir alles", mahnte ich und machte mir schon wieder Sorgen um ihn. Er war zornig und aufbrausend in letzter Zeit, überempfindlich und fühlte sich stets ungerecht behandelt. Er hatte die Sache mit dem Wildschwein keineswegs verwunden, auch wenn er nicht darüber sprach. Wahrscheinlich schmerzten ihn auch die Striemen auf dem Rücken noch. Er hatte verboten, sie mit Salbe einzureiben, und sie hatten sich entzündet. Alle konnten sie sehen, wenn er mit den Pagen Sport trieb oder zum Waschen ging.
„Bedenke, wie oft ich Prügel bekomme. Und dabei bin ich ein freier Mann."

„Das ist doch etwas anderes“, sagte er leise. Und dann: „Komm, lass uns eine Wassermelone miteinander teilen.“ Im Schein der Pechfackeln setzten wir uns auf dem Boden nieder und verzehrten Stück für Stück die Melone. Bedächtig spuckten wir die Kerne aus.

„Hör zu“, begann Hermolaos, „ich schenk dir das Frettchen, und du nimmst es an.“ So war er nun einmal.

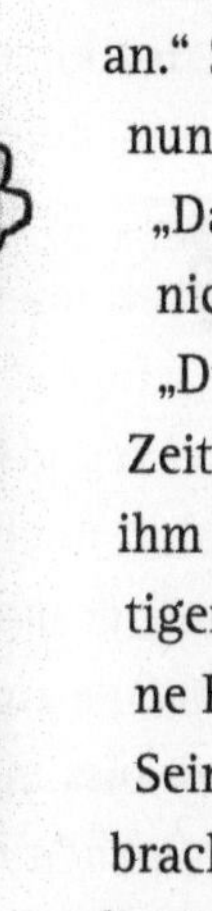

„Das kann ich nicht.“

„Du hast mehr Zeit, dich mit ihm zu beschäftigen. Hab keine Bedenken.“ Seine Stimme brach fast bei diesen Worten. Es ging gar nicht um das kleine Tier, ich spürte es ganz deutlich, da war noch etwas anderes Ungeheuerliches, das zwischen uns stand. Aber ich hatte immer getan, was er mir befahl. Und so nahm ich in dieser Nacht den Käfig mit dem Frettchen und trug ihn in das Zelt der königlichen Bedienten neben mein Bett.

Am nächsten Morgen hörte ich, wie Ptolemaios jemanden anschrie. Wenig später schlichen augenreibend und mit ge-

senkten Köpfen zwei Pagen aus dem Zelt des Königs. Ptolemaios folgte ihnen. Sein Blick fiel auf mich.
„Wo ist der König?"
„Er macht Sportübungen unten auf dem Platz." Ich war mir ziemlich sicher, dass Alexander sich jetzt dort befand. Ich wunderte mich nur darüber, dass der Leibwächter des Königs in seinem Eifer, seinen Herrn zu finden, das königliche Zelt unbewacht zurückließ, und blieb deshalb selbst am Eingang stehen, damit niemand, der vorbeiging, auf dumme Gedanken kam. Wenig später tauchten die anderen Leibwächter auf und schoben mich unsanft zur Seite. Soldaten sicherten die Zugänge, einer schlug nach mir, als ich nicht schnell genug aus dem Weg ging. Dann kam Proxenos.
„Hermolaos und noch ein paar Pagen wollten den König töten", berichtete er mir. „Letzte Nacht. Hätte die Syrerin ihn nicht beim Gelage zurückgehalten, er wäre sicherlich tot."
„Oh nein." Ich biss mir auf die Lippen. Oh Hermolaos.
„Es gibt viel Bosheit und Niedertracht unter den Sterblichen."

Sie hatten ihn an einem Felsblock oberhalb der Böschung des Bachs, der am Lager vorbeifloss, angekettet. Hier war ein kleiner Platz, auf dem die Pagen in den letzten Tagen mit dem Diskos geworfen hatten, um in Übung zu bleiben.
In Hermolaos' Gesicht waren die blauen Flecke von Ptolemaios' Faustschlägen zu sehen. Seine Unterlippe war blutig verkrustet und geschwollen und sein eines Auge ebenfalls. Vermutlich erkannte er uns kaum.

Der Einzige, der nicht heulte, war Hermolaos. Ich wusste, dass er an allem schuld war und dass ich ihn eigentlich anspucken musste, aber stattdessen empfand ich grenzenlose Bewunderung für seinen Mut. Versteh mich bitte nicht falsch, Bagoas. Es war verabscheuungswürdig, was er unserem König hatte antun wollen. Aber davon abgesehen, war er ein mutiger junger Mann, gekränkt, irregeleitet, verrückt. Er hatte nach seiner Überzeugung gehandelt, und wer handelt, leidet. Versuch, meine widerstrebenden Gefühle zu verstehen. Ich war ja selber noch ein junger Hund, ein Idiot.
Da saß er also, angekettet mit viel zu schweren Eisenketten an den Felsblock, und wir alle gingen an ihm vorbei, und jeder spuckte.
„Du sollst spucken, Nikandros", sagte er plötzlich, als sei er aus tiefer Teilnahmslosigkeit erwacht. Ich war stehen geblieben. Am ganzen Körper zitternd, sah ich ihn flehend an.
„Spuck", befahl er.
Ich senkte den Kopf noch tiefer und ging weiter.
Danach drängten alle weiter zu dem großen Platz, wo der Makedonenkönig seine Ansprachen an die Soldaten hielt. Heute war ein Teil des Platzes mit einem Seil abgetrennt. Einer nach dem anderen wurden die Pagen, die gestanden hatten oder verurteilt worden waren, hinter die Abtrennung geführt, während die Soldaten, Marktfrauen und Kinder, die Unterfeldherren und die höheren Ränge vor dem Seil warteten, jeder mit einem Stein in der Hand. Johlen und Schreie waren zu hören. Der Letzte, der herangeführt wurde, war Hermolaos.

Ich verdrückte mich möglichst unauffällig zurück zum Königszelt, wo nur noch zwei Leibwächter auf die Sachen aufpassten.

Es war nur gerecht, trotzdem war ich sehr traurig. Tränen liefen über mein verschwitztes Gesicht, während ich untätig auf mein Arbeitsbrett mit den weißen Lederstreifen starrte. Ich lauschte hinüber auf die Schmerzensschreie der gesteinigten Knaben und hielt das Frettchen umklammert. Hoffentlich geht es schnell, hoffentlich zertrümmert ihm ein Stein den Schädel, das waren meine einzigen Gedanken. Wenigstens war ich als Sandalenbinder nicht verpflichtet, mit zuzusehen.

Ein Schatten fiel auf mich. Es war Stroibos.

„Nikandros", stammelte er, kreidebleich im Gesicht, „leg ein gutes Wort für mich ein bei Alexander, wenn du ihm die Sandalen bindest. Ich – ich habe von nichts gewusst. Glaubst du mir?"

„Darauf kommt es nicht an. Wenn ich mit ihm rede, hört Alexander gar nicht hin."

„Versprich mir, dass du es trotzdem versuchst."

„Lass doch lieber Kallisthenes für dich sprechen. Er ist dein Herr und der Neffe von Aristoteles. Warum hast du denn überhaupt solche Angst?"

„Weißt du es noch nicht?"

„Was?"

Er beugte sich über mich und flüsterte: „Sie haben Kallisthenes verhaftet und foltern ihn gerade. Weil er doch der Ausbilder der Pagen war. Wer weiß, was er alles verrät. Vielleicht sagt er Dinge, die gar nicht wahr sind."

Ich erstarrte für einen Augenblick. Dann packte ich ihn am Gewand und sah ihn fest an. „Niemand bewacht das Lager. Alle sind drüben bei der Hinrichtung. Du könntest –"
„Meinst du wirklich?"
„Versuch es." Das war schon fast zu viel für mich, den Sandalenbinder. Stroibos hatte den Wink verstanden. Er ließ im Zelt der Köche zwei Würste und einen Weinschlauch mitgehen, dann verschwand er ohne Abschied.
Es war mir lieber so.
Nach einer Weile kam Aristobulos zu mir, der bei der Steinigung zugesehen hatte. Schweigend saß er eine Zeit lang neben mir, eine Papyrusrolle in der Hand. Er starrte darauf, doch vermutlich erkannte er nichts.
„Was tust du gerade?" fragte er, mehr aus Höflichkeit.
„Ich muss neue Sohlen aufnageln. Und du?"
„Ich berechne die Grenzen", sagte er leise.
„Welche Grenzen?"
„Die Grenzen der Erde, auf der wir leben."
„Wie ist das möglich?"
„Es gibt gewisse Anhaltspunkte." Er rutschte hin und her, als ob ihm die Angelegenheit unangenehm wäre. „Es geht darum zu bestimmen, wo der Okeanos fließt."
„Das Meer?"
„Nicht unser Meer zwischen Griechenland und Asien. Das äußere, der Okeanos, der alles umschließt. Er bildet den Abschluss der Erde."
„Wirst du herausfinden, wo er ist?"
„Ich hoffe es. Ich bin beauftragt, es zu tun. Und wenn wir

nach Indien ziehen, haben wir zweifellos das Ende der Welt erreicht.“ Dann sagte er leise: „Das alles hier wird erst vorbei sein, wenn wir dort stehen. Am Saum des Okeanos. Mit weniger begnügt sich der König nicht.“

„Für euch wird es erst dann vorbei sein“, sagte ich, und wusste schon, wie ich mich entscheiden würde. „Mir reicht es. Ich will nicht mit nach Indien, bald werde ich zurück nach Makedonien gehen – oder in die neue Stadt in Ägypten, Alexandria.“

„An den festen Ort, den ein Schuhmacher und königlicher Sandalenbinder benötigt, um große Taten zu vollbringen?“ lächelte Aristobulos.

Und so kam es, dass du, Bagoas, mein Nachfolger geworden bist. Denn der König gewährte mir den Abschied, um den

ich ihn bat, ohne nach den Gründen zu fragen. Zum Dank für meine Dienste schenkte er mir einen Krug randvoll mit
32 Drachmen. Was die Nachfolge anging, so stand für Alexander fest, dass es diesmal ein Perser sein musste.

32 **Drachme** – *altgriechische Silbermünze, vier Drachmen waren in etwa ein wöchentlicher Durchschnittsverdienst*

Verschwörungen und Aufstände gegen Alexander

Während seines Eroberungskrieges geriet Alexander der Große mehrmals außerhalb des Schlachtfeldes in Lebensgefahr: durch seine eigenen Männer. Der endlose Feldzug forderte seinen Tribut unter seinen Getreuen.

Zweimal kam es zu Meutereien des Heeres. Im Jahr 326 v. Chr. weigerte sich das Heer in Indien weiterzuziehen. Alexander musste nachgeben. 324 v. Chr. revoltierte das makedonische Heer, als Alexander die Veteranen beurlaubte. 13 Anführer wurden hingerichtet. Anschließend gliederte Alexander die persischen Truppen in den Heeresverband ein.

Philotas, der Sohn des alten Generals Parmenion, gehörte wie sein Vater zu denen, die sich von Alexander aufgrund von dessen perserfreundlicher Politik zunehmend entfremdeten. Philotas wurde 330 v. Chr. eines Komplotts gegen Alexander überführt und zum Tode verurteilt. Parmenion, der nichts mit der Verschwörung zu tun gehabt hatte, wurde anschließend durch Mord beseitigt. Wahrscheinlich fürchtete Alexander eine Art Blutrache durch den Vater.

Die Pagenverschwörung von 327 v. Chr. wurde schnell niedergeschlagen. Kallisthenes, der Lehrer der jungen Männer, wurde der Anstiftung beschuldigt und später ebenfalls beseitigt.

324 v. Chr. nahm einer der engsten Vertrauten Alexanders, der Schatzmeister Harpalos, zudem mit dem Königshaus verwandt, 5 000 Talente an sich und floh mit einer Abteilung von 6 000 Sol-

daten vor Alexander nach Athen. Er gehörte zu den Freunden Alexanders, die ihm als jungem Mann in die Verbannung gefolgt waren. Vermutlich erkannte Harpalos aus der Distanz des Nicht-Kriegers früher als die anderen Freunde die Schwachstellen in Alexanders Gewaltunternehmen gegen Persien und versuchte, für sich selbst zu retten, was zu retten war.

Der tragischste Fall war die Ermordung des getreuen Kleitos im Herbst des Jahres 328 v. Chr. Am Granikos hatte er Alexander das Leben gerettet. Die Verbitterung hatte sich schon länger in ihm angestaut. In betrunkenem Zustand bei einem Gastmahl warf er Alexander seine Perserfreundlichkeit vor und wies darauf hin, wie viel Alexander den Makedonen und ihrer Tapferkeit zu verdanken habe. Rasend vor Zorn und ebenfalls stark angetrunken, durchbohrte Alexander den Freund mit einer Lanze. Der Makedonenkönig bereute diese Tat zutiefst. Er brauchte drei Tage, um sich zu beruhigen. Es war damals ungewöhnlich für einen König, eine eigene Missetat zu beklagen.

Alexander betrauert den toten Kleitos.
Nachzeichnung nach Bartolomeo Pinelli

Nachschrift des Nikandros an Bagoas

Bleibt zu berichten, dass ich tatsächlich meinen Platz in Alexandria in Ägypten gefunden habe. Auch das Frettchen und mein inzwischen altes, treues Maultier Itto haben die lange Reise gut überstanden. Rate, auf wen mein überraschter Blick gleich beim Aussteigen aus dem Schiff fiel! Stroibos saß unter einem kleinen Sonnensegel am Kai und verfasste Liebes- und Heimatbriefe für Soldaten und Seeleute für ein paar Obolen.[33] Wir beschlossen sofort, uns gemeinsam durchzuschlagen. Er zeigte mir die Sehenswürdigkeiten der jungen Stadt. Es gibt schon Stadttore, Marktplätze und Säulenhallen. Der Steuereintreiber Kleomenes bewohnt einen prächtigen Palast, und den Göttern werden in allen Vierteln Tempel errichtet.

Für meinen Krug voller Drachmen habe ich ein kleines Grundstück nicht weit vom Hafen Eunostos gekauft und meine Werkstatt darauf errichtet. Stroibos erledigt den Schreib- und Rechenkram für mich.

Verzeih meine Geschwätzigkeit. Ich habe viel mehr geschrieben, als ich eigentlich vorhatte, und bin fast versöhnt damit, dass du, ein Perser, meine Stellung eingenommen hast. Die Zeiten haben sich geändert. Damals, als wir den Hellespont überquerten, um das Perserreich zu erobern, gab der gute alte Aristoteles dem König den Rat, die Griechen wie ihr Anführer, die Barbaren aber wie ihr Herr zu behandeln.

Doch Kriege gehen immer anders aus, als der menschliche

33 Obole – *griech. Kleinmünze, Sechstel der Drachme*

Verstand es vorher plant. Alles ist anders gekommen. Alexander hat den Rat seines alten Lehrers nicht befolgt. In einem Mischkrug der Freundschaft sind die barbarischen Völker des Ostens mit den Griechen vereinigt worden, durch Ehebündnisse und gemeinsames Leben. Makedonen und Griechen wurden nicht bevorzugt, wie wir an uns beiden erkennen können, lieber Bagoas. Viel Unfrieden hat es gebracht – aber es wird auch Gutes bringen.

Lass dich durch Neid und Missgunst nicht beirren. Lass dir nichts sagen von Leuten, die sich selbst die Sandalen anziehen, und denke manchmal an Nikandros, der dir diese Papyrusrollen übersendet. Ich wünsche dir, dass du dabei bist, wenn die Grenzen der Erde gefunden werden, und hinterher einen ruhigen Ort findest, so wie ich ihn in Alexandria in Ägypten gefunden habe.

Wenn man mittendrin im Geschehen ist, sieht man nichts. Erst der Abstand lässt einen erkennen, was eigentlich vorgeht. So ist das mit allem, Bagoas.

Halte dich stets an die Weisheiten der alten Griechen, die ich dir verraten habe, und sei dir deiner Verantwortung bewusst.

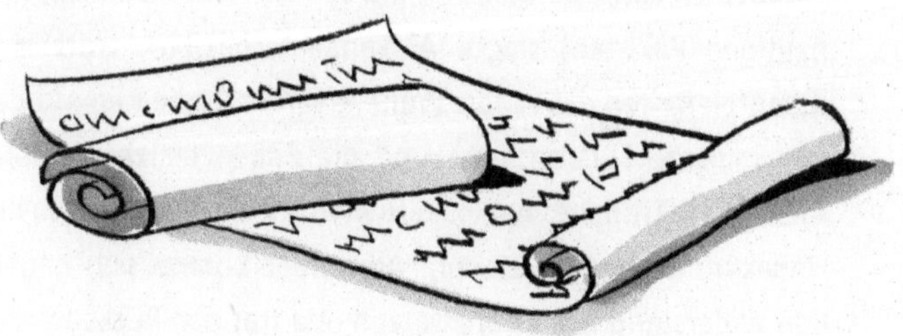

Der Indienfeldzug

Im Frühsommer 327 v. Chr. überquerte Alexander den Hindukusch Richtung Indien. Ein Teil des Heeres marschierte mit den Feldherrn Hephaistion und Perdikkas voraus über den Khaiberpass direkt an den Indus, wo sie das Gebiet um das heutige Peschawar sicherten. Alexander zog mit seinem Heeresteil nördlich davon durchs Gebirge und kam erst im Frühjahr 326 v. Chr. am Indus an.

Das gesamte Heer, den Tross eingerechnet, bestand aus etwa 120 000 bis 130 000 Menschen. Es erreichte zunächst Taxila, wo es freundlich empfangen wurde. Etwas später befand man sich im Kampf mit König Poros und dem Reich der Paurava. In einer für beide Seiten verlustreichen Schlacht (im heutigen Pakistan) siegte Alexander schließlich trotz der Kampfelefanten des Poros. Weitere verlustreiche Kämpfe gegen indische Fürstentümer und die Regenzeit zermürbten Alexanders Truppen. Am Fluss Hyphasis weigerten sie sich, ins Unbekannte weiterzuziehen. Alexander konnte sich gegen den Widerstand nicht durchsetzen und trat den Rückzug an.

Alexander und der gefangene Poros. Bildteppich, 1687

325 v. Chr. erreichte Alexander die Mündung des Indus bei Patala. Ein Teil des Heeres wurde von Krateros nach Persien zurückgebracht. Den anderen Teil führte Alexander durch die gedrosische Wüste in aufreibenden Märschen unter hohen Verlusten nach Karmanien. Gleichzeitig erkundete Nearchos mit der Flotte parallel dazu den Weg an der Küste des Indischen Ozeans zurück zum Euphrat. In Hormuz trafen die Abteilungen wieder aufeinander. Nearchos lebend wiederzusehen, sagte Alexander, bedeute ihm so viel wie die Eroberung ganz Asiens.
Im Februar 324 v. Chr. waren alle wieder zurück in Susa, wo Alexander sich mit den persischen Königstöchtern verheiratete und seine Gefolgsleute mit vornehmen Perserinnen. Außerdem wurden die Verbindungen zwischen Soldaten und einheimischen Frauen legitimiert.
Im folgenden Juli kam es zu einer heftigen Meuterei, als er die makedonischen Veteranen beurlaubte. Alexander ließ die Anführer töten und gliederte neu ausgehobene persische Truppen in das Heer ein. Auf einem großen Versöhnungsfest in Opis vor Tausenden von Persern und Makedonen, griechischen Priestern und persischen Magiern[34] betete Alexander feierlich zu den Göttern für die Eintracht zwischen Ost und West.
Im Frühherbst 324 fanden in Ekbatana Feiern statt, die durch den plötzlichen Tod des engsten Freundes Hephaistion jäh abbrachen. Er war Alexanders wichtigste Stütze, und der König trauerte heftig um den Freund. Er zog 323 v. Chr. nach Babylon zurück, wo schon Gesandtschaften aus allen Mittelmeerregionen auf ihn warteten.

34 Magier – *persische Priester, zuständig für Sonnenkult, Traumdeutung, Wahrsagung*

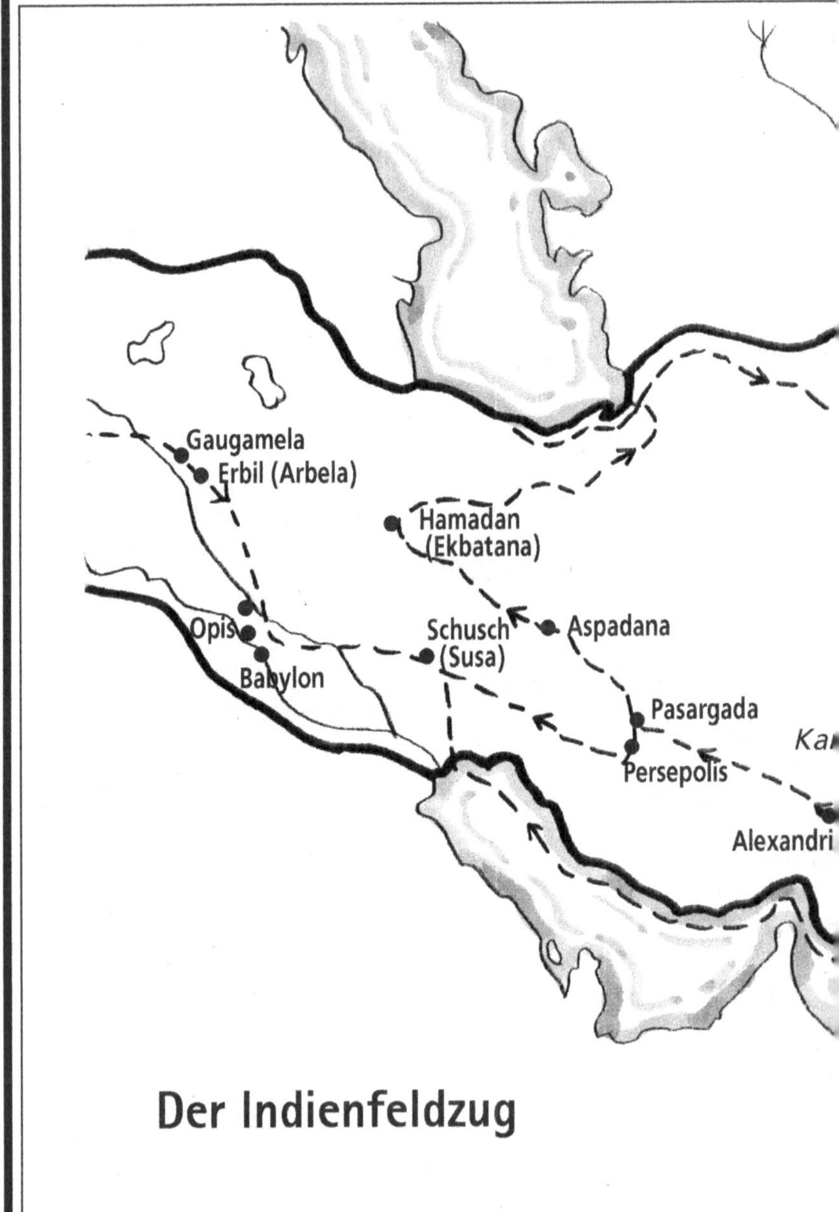
Gaugamela
Erbil (Arbela)
Hamadan
(Ekbatana)
Opis
Babylon
Schusch
(Susa)
Aspadana
Pasargada
Persepolis
Der Indienfeldzug

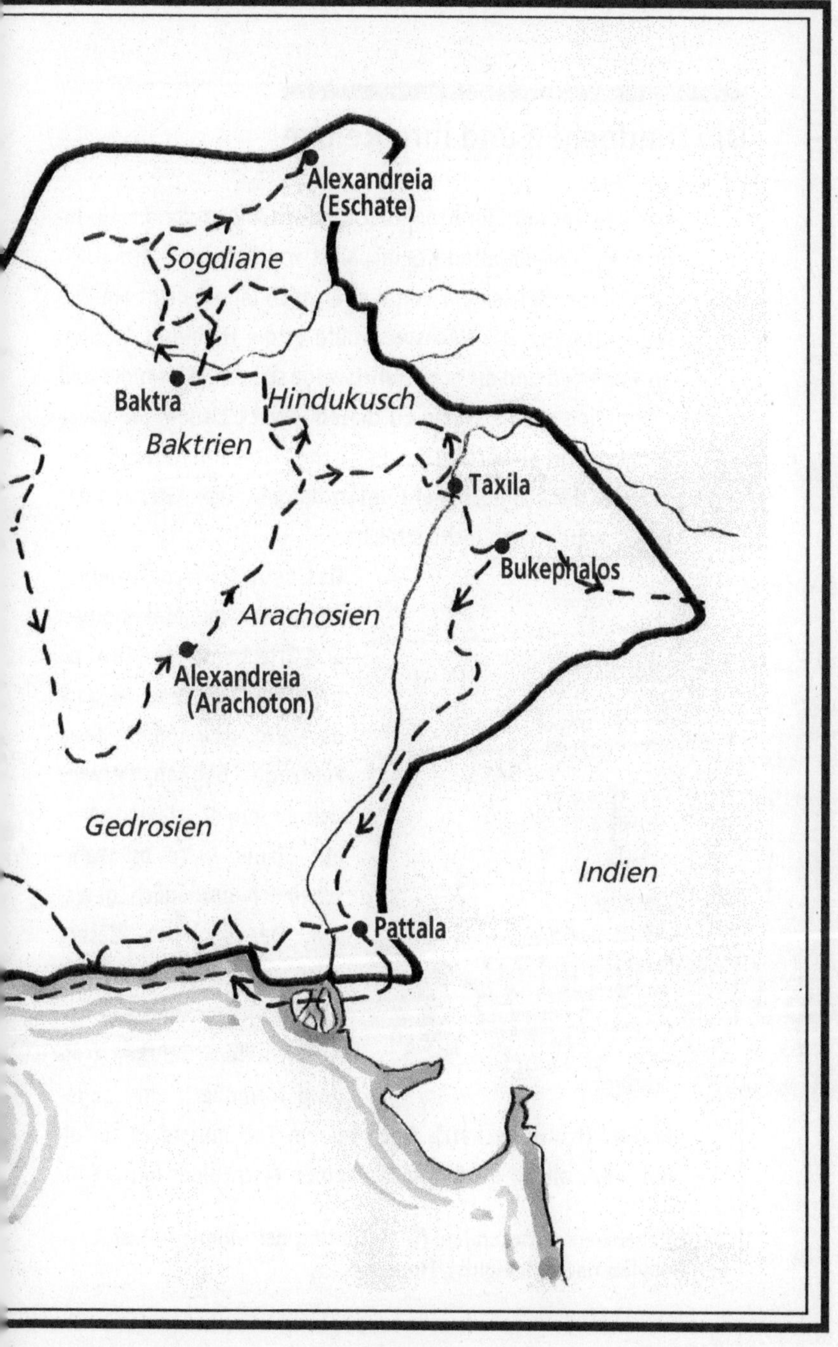
Alexandreia
(Eschate)
Sogdiane
Baktra
Hindukusch
Baktrien
Taxila
Bukephalos
Arachosien
Alexandreia
(Arachoton)
Gedrosien
Indien
Pattala

Die Diadochen und ihre Reiche

Nach kurzer heftiger Krankheit verstarb Alexander am 10. Juni 323 v. Chr. im alten Königspalast von Babylon, vermutlich an Malaria. Bei seinem Tod war er noch längst nicht am Ziel seiner Träume. Als Nächstes wollte er die Halbinsel Arabien unterwerfen und die Schifffahrtswege sichern. Alexander ließ schon eine riesige Flotte zu diesem Zweck bauen. Sie sollte vom Euphrat abwärts in den Persischen Golf vorstoßen. Sicher hätte er danach noch mehr unternommen. Die „Grenzen der Welt" waren noch nicht erreicht.

Das neue Herrschaftsgebiet zusammen mit Makedonien und Griechenland im Griff zu behalten, während Alexander zugleich immer neue Feldzüge begann, erwies sich als immer schwieriger – auf Dauer wäre es wahrscheinlich unmöglich gewesen. Das eroberte Riesenreich war ganz in der Hand Alexanders, es war, wie der Althistoriker Gehrke treffend formuliert, eine „Egokratie" (Ich-Herrschaft). Nach seinem Tod musste es zerfallen – vor allem, da Alexander keinen Nachfolger hinterließ.

Der Leichenwagen Alexanders (Überführung der Mumie Alexanders von Babylon nach Memphis). Holzstich

Der Kampf um seine Hinterlassenschaft begann fast noch unter den Augen des Sterbenden. Die an das Krankenbett geeilte schwangere Roxane ließ nach dem Tod ihres Gatten zunächst die Nebenbuhlerin Stateira umbringen.
Diadochen (Nachfolger) werden die unmittelbaren Nachfolger Alexanders genannt, die nach seinem Tod versuchten, ein möglichst großes Stück aus dem von Alexander eroberten Weltreich zu bekommen oder aber es als Ganzes zu behalten. Sie stammten alle aus dem Kreis seiner Generäle und Leibwächter. Verheerende Kriege, Mord und Totschlag setzten ein, um die Machtfragen zu klären. Alexanders Sohn, der erst nach seinem Tod geboren wurde, wurde gemeinsam mit seiner Mutter Roxane während dieser Kriege von Kassander ermordet.
Nach schweren Kämpfen konnte Antigonos Gonatas (283/276–239) das Reich der Antigoniden in Makedonien und Teilen Griechenlands etablieren. Das Antigonidengebiet erreichte die größte Ausdehnung unter Philipp V. (221–179) v. Chr.) bis nach Kleinasien, wo es aber zu Zusammenstößen mit Rom kam. 179 v. Chr. wurde der letzte König Perseus abgesetzt. Vorderasien wurde von den Seleukiden beherrscht und Ägypten von den Ptolemäern. Alle drei Reiche waren gelegentlich in kriegerische Auseinandersetzungen gegeneinander verstrickt; zugleich heiratete man untereinander, trieb Handel und kulturellen Austausch.

Der Hellenismus – Alexanders Vermächtnis

Mit Alexanders Eroberungen hatte sich die überschaubare **polis**-Welt Griechenlands gründlich verändert. Die bekannte Welt bestand plötzlich hauptsächlich aus einem riesigen Flächenstaat, der Ägypten einschloss und bis nach Indien reichte. Hier entstanden neue Zentren für die Griechen wie Babylon, Susa und Alexandria in Ägypten. Für eine Generation nach Alexanders Tod wurde dieses Riesenreich durch die Nachfolgekämpfe verunsichert.

Doch schließlich bildeten sich drei mächtige Monarchien, Makedonien unter den Antigoniden, das Seleukidenreich in Vorderasien und das Ägypten der Ptolemäer. Daneben etablierten sich die kleineren Reiche Pergamon und Baktrien.

Man nennt diese Periode von Alexanders Regierungsantritt bis zur Eroberung der griechischen Gebiete durch Rom den Hellenismus. Alexanders unnötige und geradezu größenwahnsinnige Feldzüge, die so viel Leid und Unfrieden über so viele Menschen gebracht hatte, zogen nun ein blühendes Kultur- und Wirtschaftsleben nach sich, sowie zumindest in Ansätzen die Völkerverständigung, die er sich gewünscht hatte. Unmengen von Griechen zogen aus der Heimat in die von Alexander eroberten Gebiete und bevölkerten die dortigen Städte – vor ihnen lag ein Land der unbegrenzten Möglichkeiten. Griechisch wurde zur Weltsprache. Handel und Kulturaustausch nahmen ein ungeahntes Maß an, die Kunst blühte. In den neuen Metropolen Alexandria, Pergamon, Antiochia und anderen Orten betrieb man wis-

senschaftliche Forschungen, ein Verdienst Alexanders, der darauf immer Wert gelegt hatte. Die Technik und Medizin machten sprunghafte Fortschritte, besonders in Alexandria, wo die Ptolemäerkönige das „Mouseion" (eine Mischung aus Museum und Universität) gründeten. Die Bibliothek von Alexandria erlangte Weltruhm, ebenso die von Pergamon und Ephesos.
Ab ca. 200 v. Chr. trat die aufstrebende Macht Rom ganz langsam in die Fußstapfen Alexanders, als sie einen Staat nach dem anderen um das Mittelmeer eroberte. Attraktiver als Gallien und Germanien allerdings waren die Gebiete in Kleinasien mit ihrer hoch entwickelten städtischen Kultur – so fiel Gebiet um Gebiet an das Römische Reich. Doch auch nach der Eroberung durch Rom lebte die griechische Kultur in diesen Ländern bis in die Spätantike fort. Griechische Literatur, Kunst und Philosophie beeinflussten auch die römische Kultur.

Ruine der Bibliothek von Ephesos

Glossar

Achilleus	*Held des Trojanischen Krieges, der schnellste und tapferste der Griechen, der viele ruhmreiche Taten vollbrachte. Er war der Sohn der Meergöttin Thetis und des Sterblichen Peleus. Achilleus war das große Vorbild Alexanders.*
Ammon	*Eigentlich Amun, ägyptischer Fruchtbarkeitsgott, der in Menschengestalt, aber auch als Widder oder Gans dargestellt wurde. Von den Griechen wurde er als Ammon mit Zeus identifziert. Der Orakeltempel des Ammon in der Oase Siwa war in Griechenland bekannt und wurde gelegentlich von Griechen aufgesucht. Alexander wurde dort als Pharao Ägyptens – als solchen hatten ihn die Priester Ägyptens bereits früher akzeptiert – nach ägyptischem Brauch als Sohn des Gottes begrüßt.*
Antipater (397–319 v. Chr.):	*General, den Alexander während seiner Feldzüge als Verwalter in Makedonien zurückließ. Er schlug die Versuche Memnons zurück, in Griechenland Fuß zu fassen, und unterdrückte den Aufstandsversuch Spartas 331/30 v. Chr. Wegen Streitereien mit Olympias wurde er 324 v. Chr. von Alexander nach Babylon*

	berufen. In den Nachfolgekämpfen war er von 322–319 v. Chr. Reichsverweser. Er führte die Neuverteilung des Alexanderreichs im Jahre 321 v. Chr. unter den Diadochen im nordsyrischen Ort Triparadeisos durch.
Deinokrates (4. Jh. v. Chr.)	*Vermutlich aus Rhodos stammender Architekt Alexanders. Er wollte den Berg Athos in Nordgriechenland zu einer Riesenstatue Alexanders umformen. Er entwarf den Plan für das ägyptische Alexandria und das Grabmal des Hephaistion.*
Freiheit	*(griech.) eleutheria, autonomía, bedeutete für eine griechische Stadt eigene Gesetzgebung und das Recht, eine selbständige Außenpolitik zu betreiben.*
Hephaistion (356–324 v. Chr.)	*Makedonischer Adeliger und Jugendfreund Alexanders, sein engster Vertrauter und möglicherweise auch Geliebter, der in allen Krisen unumstößlich zu ihm hielt und seine Pläne mittrug. „Er ist auch Alexander", stellte Alexander ihn der Mutter des Dareios vor.*
Herakles	*Sohn des Zeus und der sterblichen thebanischen Königin Alkmene. Zeus' Gattin Hera verfolgte ihn mit seinem Zorn. Nachdem er zwölf schwer zu bewältigende Taten vollbracht hatte, stieg er zum Gott auf. Seine*

Kennzeichen sind die Keule und das über die Schultern gehängte Löwenfell.

Hetairoi *„Gefährten", die Freunde und Berater unter den makedonischen Adligen aus der engsten Umgebung des Königs. Außerdem wurden, im übertragenen Sinne, so die makedonischen Elitereiter genannt. Unter Philipp II. betrug ihre Stärke 800 Mann, unter Alexander war ihre Zahl erhöht. Sie wurden von Philotas kommandiert.*

Homer (verm. 8. Jh. v. Chr.) *Ältester epischer Dichter des Abendlandes, dem die Epen Odyssee und Ilias zugeschrieben werden. Stammte vielleicht aus Smyrna und wirkte auf der Insel Chios, seine Existenz ist jedoch nicht zweifelsfrei bewiesen. Die Handlung der Ilias spielt zur Zeit des Trojanischen Krieges, in dem die Griechen die Stadt Troja zehn Jahre lang belagerten und schließlich durch eine List einnahmen. Der von Alexander verehrte Held Achilleus kämpfte in diesem Krieg. Die Odyssee handelt von den Abenteuern des Odysseus, der nach dem Trojanischen Krieg auf Irrwegen in seine Heimat zurückkehrt.*

Kassander (350–297 v. Chr.) *Sohn des Antipater. Er hatte lebenslang eine Antipathie gegen Alexander. Nach dem Tod des Königs beseitigte er erst dessen Mutter*

	Olympias, später tötete er seine Frau Roxane und den Königssohn Alexander.
Kleitos der Schwarze († 328 v. Chr.)	*Hipparch (Führer der Reiterei) Alexanders, der ihm am Granikos das Leben rettete. Er war der Bruder von Alexanders Amme Hellanike. Er wurde von Alexander in betrunkenem Zustand bei einem Streit mit eigener Hand erstochen, was Alexander später sehr bereute.*
Korinthischer Bund	*Nach der Schlacht von Chaironea 338 v. Chr. zwang Philipp II. die griechischen Stadtstaaten, sich zu einem Bund unter seiner Führung zusammenzuschließen.*
Magnus	*lat. „der Große". Diesen Beinamen erhielt Alexander erst in römischer Zeit.*
Memnon († 333 v. Chr.)	*Griechischer Söldnerführer, der von Dareios III. den Oberbefehl gegen das unter Alexander eindringende griechisch-makedonische Heer erhielt. Sein Tod im Jahr 333 v. Chr. machte für Alexander den Weg frei.*
Olympias (um 376–316 v. Chr.)	*Mutter Alexanders. Sie blieb während des Feldzugs in Pella zurück, wo sie die Interessen ihres Sohnes vertrat. Zwischen ihr und Alexander wurden ständig Briefe ausgetauscht. Der in Makedonien zurückgebliebene Antipater*

	konnte auf diese Weise nicht übermächtig werden. 316 ließ Kassander sie töten.
Olynth	*Stadt auf der Chalkidike, wegen ihres Bündnisses mit Athen im Jahre 348 v. Chr. unter Philipp II. zerstört.*
Parmenion (um 400–330 v. Chr.)	*Wichtigster General Philipps und später Alexanders, mit zahlreichen selbstständigen Kommandos betraut. Nach der Beseitigung seines Sohnes Philotas (Herbst 330 v. Chr.), der eine Verschwörung gegen den König geplant hatte, wurde er auf Befehl Alexander getötet.*
Philotas († 330 v. Chr.)	*Sohn des Parmenion, als Verschwörer gegen Alexander hingerichtet.*
Ptolemaios Lagu (367/66–283/82 v. Chr.)	*Feldherr Alexanders, dem es nach dem Tod des Makedonenkönigs gelang, dessen Leichnam nach Ägypten zu transportieren und dort in Alexandria beizusetzen. Er nahm 305 v. Chr. den Königstitel von Ägypten an. Er fühlte sich als Alexanders eigentlicher Nachfolger. Die von ihm begründete ptolemäische Königsdynastie herrschte bis zu Kleopatra VII. († 30 v. Chr.) über Ägypten.*
Roxane	*Eine der von Alexander während des Feldzugs geheirateten Frauen. Nach seinem Tod gebar sie den gemeinsamen Sohn Alexander. Dieser*

	wurde nach Makedonien verbracht und dort als Zwölfjähriger zusammen mit seiner Mutter von Kassander getötet, der zuvor auch schon Alexanders Mutter Olympias hatte hinrichten lassen.
Satrap, Satrapie	*altpers. „Landesbeschützer", Statthalter des Großkönigs, die über erhebliche Macht verfügten. Alexander ließ die Satrapien bestehen, beschränkte aber die Macht der Satrapen.*
Theben	*Die Stadt Theben erhob sich 335 gegen die makedonische Besatzung unter dem jungen Alexander. Der neue König zerstörte das aufständische Theben gnadenlos und ließ es dem Erdboden gleichmachen. Dieses Strafgericht schreckte alle anderen griechischen Stadtstaaten davon ab, sich gegen Alexander aufzulehnen.*

Zeittafel 490 – 323 v. Chr.

490 Persien greift Griechenland an. Schlachten bei Marathon und Salamis (480).

359 Philipp II. wird König von Makedonien.

338 August: Schlacht bei Chaironea.
Herbst: Gründung des Korinthischen Bundes.

490 359 356 338 337

356 Geburt Alexanders des Großen.

337 Der Korinthische Bund beschließt den Krieg gegen Persien.

340 Alexander vertritt seinen Vater in dessen Abwesenheit.

336 Parmenion stößt mit Truppen nach Kleinasien vor.
Dareios III. wird Großkönig in Persien.
Ermordung Philipps II. (Hochsommer).
Alexander wird König von Makedonien.
Alexander schaltet Gegner in Makedonien und Aufstandsversuche in Griechenland aus.

336 335 334

335 Alexander zieht gegen die Thraker und Geten. Theben erhebt sich. Die Illyrer fallen in Makedonien ein. Theben wird durch Alexander zerstört.

334 Beginn des Perserfeldzugs.
Mai: Schlacht am Granikos.
Eroberung zahlreicher Städte an der ionischen Küste.
Herbst: Belagerung und Zerstörung von Halikarnass.

333 Memnon greift in der Ägäis an.
Mai: Tod Memnons.
Spätherbst: Schlacht bei Issos.

332 Januar–August: Belagerung von Tyros. Dareios sendet Friedensangebote an Alexander.

330 Alexander erreicht Persepolis.
Juli: Ermordung des Dareios.
Hinrichtung des Philotas,
Mord an Parmenion (Herbst).

333 332 330 329

331 Gründung Alexandrias in Ägypten und Zug zum Ammonsorakel der Oase Siwa.
Sieg Alexanders bei Gaugamela (1. Oktober).
Überwinterung in Babylon und Susa.

329 Überquerung des Hindukusch Richtung Norden.
Der Mörder Dareios', Bessos, wird hingerichtet.

328 Tötung des Freundes Kleitos.

327 Hochzeit mit der baktrischen Prinzessin Roxane. Pagenverschwörung. Ab dem Sommer Indienfeldzug.

326 Der Indus wird überschritten. Schlacht gegen König Poros. Im Sommer Umkehr am Hyphasis.

324 Massenhochzeit und Freundschaftsfest in Susa. Meuterei in Opis. Tod Hephaistions.

325 Das Indusdelta wird erreicht. Im Herbst Rückmarsch durch die gedrosische Wüste. Im Dezember Zusammentreffen der beiden Heeresabteilungen.

323 10. Juni Tod Alexanders. Ausbruch der Diadochenkriege.

Inhalt – erzählende Kapitel

Inhalt – Sachkapitel

Impian Geschichte & Biografien

ISBN 978-3-96269-073-1

ISBN 978-3-96269-072-4

ISBN 978-3-96269-075-5

ISBN 978-3-96269-068-7

Jeder Titel 4,95€, mit festem Einband | www.impian.de